국어도 풀고, 사회도 풀고, 과학도 풀고

생각의 뿌리가 달라야 합니다!

뿌리 깊은 나무는 바람이 아니 뮐세

곶됴코 여름 하나니

샘이 깊은 물은 가마래 아니 그칠세

내히 이러 바라래 가나니

– 《용비어천가》제2장

뿌리가 깊이 박힌 나무는 북풍한설 찬바람에도 잘 버틸 수 있습니다. 거추장스러운 이파리도 어쭙잖게 풋 익은 열매도 다 버리고 뿌리로만 견딥니다. 얕은 뿌리로는 견딜 수 없습니다.

교육도 마찬가지입니다. 스스로 생각할 수 있는 튼튼한 뿌리를 만들어 주어야 묻고 반응하고 비판하는 능력도 커지고 문제 해결 능력도 커지는 것입니다. 《바깔로레아 교과 논술》은 아이들이 생각의 뿌리를 내릴 수 있는 알맞은 토양을 만들어 주기 위해 노력하고 있습니다. 생각의 뿌리가 튼실하게 내리지 못한 채 책을 읽고, 글을 쓰는 것은 모래 위에 집을 짓는 것과 같습니다.

《바깔로레아 초등 교과 논술》은 선생님이 불러 주는 대로 받아 쓰기만 하는 아이가 아니라, 스스로 자기 생각의 크기를 키워 나가는 아이, 막힐수록 더욱 성취 동기가 불타 올라 꼭 알아내야만 직성이 풀리는 아이, 선생님 이야기에서 생각의 실마리를 얻어 끊임없이 질문하고 생각하는 아이가 될 수 있도록 아이들의 뿌리를 생각하겠습니다. 그리고 열매는 아이들과 학부모님의 몫으로 온전히 돌려 드리겠습니다.

지은이 **서울대 국어교육학 박사 박학천**

바깔로레아 초등 교과 논술

· 국어 · 사회 · 과학 + 독서 · 논술 · 토론 통합프로그램입니다.
· 쉽고 부담 없는 자료를 편하게 따라만 가면 저절로 사고력, 독해력, 이해력이 자라는 검증된 프로그램입니다.

단원별 학습 목표 및 구성

week 01
발상사고혁명

실질적인 〈발상 · 사고〉 훈련
■ 고정 관념을 깨고, 개성적인 사고를 기릅니다.
■ 스스로 질문하고 비판하는 시각과 자세를 기릅니다.

week 02
교과서 논술 01

〈국어 능력〉 심화 학습
■ 국어 교과서 선행 학습으로 단원의 핵심을 이해합니다.
■ 수행평가, 서술형 · 논술형 문항으로 국어과 학습 능력을 키웁니다.

※ 교과서 활용 : 『듣기 · 말하기 · 쓰기』 / 『읽기』

week 03
독서 클리닉

실질적인 〈읽기 능력〉 향상 훈련
■ 억지로 읽기보다는 읽는 맛과 재미를 알려 줍니다.
■ 비판적 읽기, 개성적 읽기로 글을 보는 안목을 키웁니다.

week 04
교과서 논술 02

〈국어 능력〉 심화 학습
■ 국어 교과서 선행 학습으로 단원의 핵심을 이해합니다.
■ 수행평가, 서술형 · 논술형 문항으로 국어과 학습 능력을 키웁니다.

※ 교과서 활용 : 『듣기 · 말하기 · 쓰기』 / 『읽기』

거북이 정도는 문제 없어!

week 05
영재 클리닉 01

〈사회 교과서〉를 활용한 영재 심화 학습
- 통합 교과 시대를 대비, 사회과 학습 테마를 논술로 연결시켜 쉽고 재미있게 초중고 학습 과정의 주요 주제와 쟁점을 알려 줍니다.

※ 교과서 활용 : 『사회』

week 06
교과서 논술 03

〈국어 능력〉 심화 학습
- 국어 교과서 선행 학습으로 단원의 핵심을 이해합니다.
- 수행평가, 서술형·논술형 문항으로 국어과 학습 능력을 키웁니다.

※ 교과서 활용 : 『듣기·말하기·쓰기』/ 『읽기』

week 07
영재 클리닉 02

〈과학 교과서〉를 활용한 영재 심화 학습
- 통합 교과 시대를 대비, 과학과 학습 테마를 논술로 연결시켜 쉽고 재미있게 초중고 학습 과정의 주요 주제와 쟁점을 알려 줍니다.

※ 교과서 활용 : 『과학』

week 08
논술 클리닉

〈쓰기 교과서〉를 활용한 논술 훈련!
- 쓰기 교과서로 쓰기 학습 능력을 키운 후, 생활문에서 본격 논술까지 자신 있게 자신의 견해를 글로 표현하도록 유도합니다.

※ 교과서 활용 : 『듣기·말하기·쓰기』

차례

발상사고혁명	가상 세계를 두드리다	**05**
교과서 논술 01	마음의 울림	**13**
독서 클리닉	발명품 따라잡기	**23**
교과서 논술 02	언어의 세계	**33**
영재 클리닉 01	세계가 하나로	**43**
교과서 논술 03	생각과 논리	**53**
영재 클리닉 02	쉽지, 빠르지, 편하지?	**63**
논술 클리닉	모두 소중한 사람이야!	**71**
신통방통 서술형 논술형	국어 술술 사회 술술 과학 술술	**81**

책 속의 책 | **GUIDE & 가능한 답변들**

발상 사고 혁명

가상 세계를 두드리다

가상 세계로 한 발자국 디뎌 볼까나?

위의 그림은 무엇을 의미하는지 이야기해 봅시다.

01 손가락에 가시 돋을까?

* 다음 사진을 보고, 물음에 답하시오.

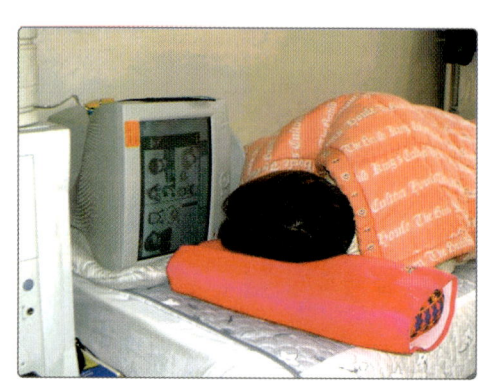 

1 위 사진은 어떤 모습인지 말하고, 떠오르는 생각을 써 봅시다.

---

2 다음 표를 작성하여 자신이 인터넷을 어떻게 사용하고 있는지 확인해 봅시다.

집에 컴퓨터가 어디에 있는가?	
컴퓨터를 언제부터 사용했는가?	
컴퓨터를 사용하는 목적이 무엇인가?	
일주일 평균 인터넷 이용 시간은?	
일주일 평균 게임 이용 시간은?	
주로 즐기는 게임 종류는 무엇인가?	
일주일 평균 채팅 시간은?	
컴퓨터에서 평소 만나는 친구는 몇 명인가?	
일상생활에서 만나는 친구는 몇 명인가?	

1. 집에 오면 손발을 씻기 전에 우선 컴퓨터부터 켠다.
2. 사람들을 만나는 것보다 인터넷을 하는 것이 더 재미있다.
3. 인터넷 접속이 어려워도 계속 시도해서 결국 접속하고 만다.
4. 인터넷에서 사귄 친구들이 다른 친구들보다 더 가깝게 느껴진다.
5. 하루라도 인터넷 접속을 하지 않으면 불안하고 초조하다.
6. 아침에 눈을 뜨자마자 컴퓨터를 켜고 인터넷에 접속한다.
7. 인터넷을 하면서 타이핑 실력이 엄청나게 늘었다.
8. 컴퓨터 때문에 성적이 내려가거나 공부를 게을리한다.
9. 인터넷이나 온라인 게임 때문에 밤을 샌 적이 있다.
10. 컴퓨터를 하다가 식사를 거른 적이 있다.
11. 누가 옆에서 컴퓨터 활동을 방해하면 짜증이 난다.
12. 인터넷 사용 때문에 가족들과 다툰 적이 있다.
13. 인터넷 사용 시간을 줄이려고 하지만 매번 실패한다.
14. 컴퓨터 이외의 다른 특별한 취미가 없다.
15. 컴퓨터로 무엇을 하느냐고 물었을 때 숨긴 적이 있다.

- 5개 미만 : 인터넷 중독 아님.
- 5개 이상 ~ 10개 미만 : 인터넷 중독 가능성 있음.
- 10개 이상 : 인터넷 중독임.

3 앞에서 작성한 표와 위의 내용을 참고해서 나의 인터넷 중독의 정도를 진단해 봅시다.

4 인터넷을 건전하게 사용하는 방법에 대해 써 봅시다.

02 사이버 분신

* 다음 글을 읽고, 물음에 답하시오.

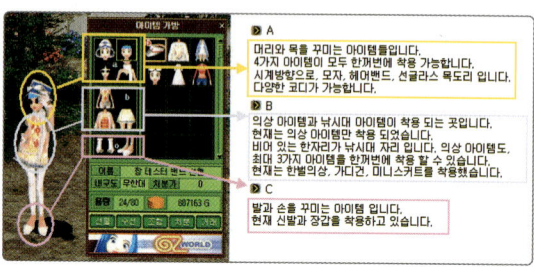

2003년 5월, 초등학교 5학년 여학생이 인터넷 아바타를 꾸미는 이용 요금으로 170만 원이 넘게 나와 부모님께서 꾸중을 하자, 자살했다. 아바타는 인터넷 공간에서 자신을 대신하는 '사이버 분신'이다. 처음 아바타가 등장했을 때, 전문가들은 실제로 존재하지 않는 옷과 액세서리를 구입하는 사람이 과연 있을까라는 생각을 했다. 하지만 어린이들은 아바타에 매력을 느꼈고, 일부는 부모와 심한 마찰을 일으킬 정도로 빠져 들었다. 다음은 아바타에 대한 친구들의 이야기다.

미진 : 나는 사이트에 접속할 때마다 새로운 패션이 나왔는지 확인해. 마음에 드는 옷을 입어 보고 목걸이와 각종 액세서리를 달아 봐. 친구들도 하는 일인데 나만 하지 않으면 따돌림을 당하는 것 같아서 말야.

홍균 : 친구에게 이메일을 보낼 때 항상 아바타의 상태를 꼭 확인해. 친구가 내 아바타를 보고 촌스럽다고 말하면 너무 속상하거든.

범주 : 친구들과 아이템 선물을 자주 주고받아. 지난 번 친구 생일에도 아이템을 선물했어. 친구들에게 선물로 받기만 하면 깍쟁이로 소문나니까 잘 챙겨야 해.

1 자신이 아바타를 구입하는 까닭은 무엇입니까?

2 친구의 아바타와 그 친구의 실제 모습을 비교해 봅시다.

	아바타	실제 친구
생김새의 특징		
액세서리 사용		

동방 : 히히, 이게 내 아바타야. 어때 멋있지? 나와 꼭 닮은 것 같지 않아?

신기 : 착각하지 마. 이건 너의 이상형이지, 현실은 아니잖아. 넌 지금 현실과 인터넷 공간을 착각하고 있는 거야. 아바타가 너 자신은 아니잖아.

동방 : 그래도 난 이 아바타 만드는 데 얼마 안 들었어. 내 친구 중에는 아바타를 꾸미는 데 십만 원이 넘게 든 애들도 있는 걸. 아바타로 인터넷 공간에서 나를 멋있게 표현해 보는 거야.

신기 : 하긴 너처럼 생각하는 애들도 있으니까 그걸 이용해서 장사하는 사람들도 생기겠지.

동방 : 맞아. 이걸 잘 이용하면 인터넷에서 돈을 많이 벌 수 있는 사업을 할 수 있을지도 몰라.

신기 : 그 아바타 장식하는 데 사용하는 각종 옷이며 장신구를 선물하려고 범죄를 저지르는 일도 있대. 이거 문제 아니냐?

동방 : 너무 부정적인 쪽으로만 생각하는 거 아냐? 이런 아바타 열풍으로 인터넷이 더 발전할 수도 있을 텐데. 오히려 잘 활용하면 돈도 많이 벌 수 있고 말야. 그러지 말고 너도 멋지게 꾸며 봐.

신기 : 난 관심 없으니 너나 잘 해.

3 아바타의 장점과 단점에 대해 써 봅시다.

• 장점 : _____

_____

• 단점 : _____

_____

03 만두, 진실을 터뜨리다

* 다음 글을 읽고, 물음에 답하시오.

식품 의약품 안전청은 최근 불량 만두가 시중에 대량 유통·판매 되었다는 경찰청 수사 결과 발표 및 언론 보도와 관련하여, 25개의 만두 제조 업소를 상대로 2004년 6월 8일부터 6월 9일까지(2일간) 불량 무말랭이 사용에 관한 점검을 실시하였습니다.

※경찰청 파악 25개소는 다음과 같습니다.

- 2003년 이후 무말랭이 사용 업소(13개소)
고향 냉동식품, 비젼 푸드, 진영식품 서울공장, (주)진영식품 파주공장, 원일식품, (주)삼립식품, 천일식품제조, 천일식품(부평), (주)우리맛식품, 소디프이엔티(에이콤), 신한식품, 우정식품(만발식품), 참좋은식품

- 2002년 이전 무말랭이 사용업소(12개소)
도투락 물산(주), 금홍식품, 동일 냉동식품(주), 개원식품(주), 옥마식품, 취영루, 나누리식품, 샤니, 삼전식품, 금성식품, 재정식품, 큰손식품(만두박사)

- 위의 25개 업소 중 2003년부터 2004년 2월까지 불량 원료를 사용한 것으로 파악된 13개 업소 중 11개 업소를 조사 적발하였습니다. 그리고 1개 업소는 혐의가 없었고, 1개 업소는 조사가 불가능하였습니다. 또한 조사 과정에서 1개 업소를 추가 적발하였습니다.(총 12개 업소 적발함.)

※무혐의 업소 : 천일식품(부평), 조사 불가 : 원일식품, 추가 적발 : (주)기린식품

1 위 기사를 읽은 네티즌들이 만두 제조 업소들에 대해 어떤 반응을 보였을지 상상하여 써 봅시다.

---

2 인터넷에서 얻는 정보의 좋은 점을 써 봅시다.

---

3 다음은 2004년 6월 11일, 〈식품 의약품 안전청〉 홈페이지에 게시된 내용입니다. 앞의 정보와 달라진 점을 찾아 봅시다.

> ### 만두 제조 업소 조사 결과
> 식품 의약품 안전청은 2004년 6월 10일 1차 조사 결과 발표 시 추가 조사 대상 7개 업소 중 불량 무말랭이(만두소)를 사용한 사실이 없다고 부인한 '㈜취영루'(경기도 파주시 소재)에 대한 조사를 실시한 결과, '㈜취영루'가 '으뜸 식품'으로부터 납품 받았다는 절임무는 직원 식당 부식용 식재료로 사용된 것이었으며, 동업소의 만두 제조 공정상 원재료 및 성분 배합 시 무말랭이를 사용하지 않았음이 확인되었다.

---

4 다음 만화를 읽고 '취영루' 사장의 마음이 어떠했을지 써 봅시다.

네티켓이 필요해

1 인터넷 채팅 중에 다른 사람이 예의에 어긋나는 말이나 행동을 했을 때 어떤 기분이 들었는지 써 봅시다.

_____

2 인터넷을 이용할 때 지켜야 할 예절에 대해 써 봅시다.

- 채팅을 하는 경우: _____

- 게시판 사용: _____

- 이메일 사용: _____

마음의 울림

『듣기·말하기·쓰기』/『읽기』_ 4. 마음의 울림

내 마음의 울림은 언제나 두~둥!

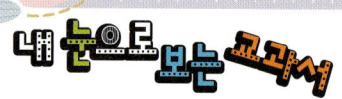

01 축하하는 글이 필요한 경우를 알아 봐요

듣기 말하기 쓰기 교과서 66~69쪽 | 학습 목표 : 축하하는 글의 짜임을 생각하며 축하하는 글을 쓸 수 있다.

(가)
> 성진아 안녕?
> 우리가 벌써 졸업을 하게 되었구나. 초등학교 졸업을 진심으로 축하한다. 너와 함께 생활하면서 많이 즐거웠어. 중학생이 되어서도 좋은 친구로 지내자. 그럼 안녕.
>
> ○○월 ○○일
> 친구 서희가

(나)
> 할아버지께
> 할아버지 예순일곱 번째 생신을 축하합니다. 할아버지께서 건강하게 생신을 맞으셔서 정말 기뻐요. 건강하게 오래오래 사세요.
>
> 손자 남철 올림

1 위와 같은 글을 읽을 때 주의할 점이 <u>아닌</u> 것은 무엇입니까? ( )

① 축하하는 말을 자세히 썼는지 살펴본다.
② 축하하는 까닭이 나타나 있는지 살펴본다.
③ 축하받는 사람의 마음을 고려하여 썼는지 살펴본다.
④ 축하받는 사람에게 앞으로 바라는 점에 대해 썼는지 살펴본다.
⑤ 축하받는 사람의 관심과 흥미를 끌 재미있는 내용이 있는지 살펴본다.

2 (가)에서 서희가 성진이에게 축하하는 점과 바라는 점은 무엇인지 쓰시오.

• 축하하는 점: _____

• 바라는 점: _____

3 다음 중, (나)와 같이 특별한 날을 맞이하여 축하하는 경우로 거리가 <u>먼</u> 것은 무엇입니까? ( )

① 스승의 날
② 이모의 결혼
③ 누나의 생일
④ 삼촌의 해외 유학
⑤ 부모님의 결혼기념일

(가) 대한초등학교 6학년, '더 높이, 더 멀리' 축제 성공리에 마쳐

　대한초등학교 6학년 학생들이 지난 10월 ○○일부터 ○○일까지 학교 강당에서 축제를 열었습니다. 6년 동안 학교에서 배운 여러 솜씨를 한데 모아 자랑하는 자리였습니다. 먼저, 그동안 썼던 글들을 모아 두 권의 문집으로 만들고 시화전도 가졌습니다. 그리고 춤과 연극을 열심히 연습하여 발표하는 자리도 이어졌습니다.
　6학년 학생들은 그동안 노력한 성과를 보여 줄 수 있게 되어 무척 기뻐하였습니다. 이 자리에는 학부모와 선생님, 후배들이 참석하여 축제를 빛내 주었습니다. 학교의 최고 학년으로 열심히 연습하고 발표한 6학년 학생들에게 축하하는 글도 많이 올려 주시기 바랍니다.

(나)

글쓴이	학부모 김혜숙
쓴 시간	20○○년 ○○월 ○○일 17:20:35

여름 방학을 마치고 나서부터 꾸준히 연습하더니 축제를 잘 마쳐서 참 기뻐요. 정말 축하합니다. 앞으로 남은 6학년도 잘 마무리하기 바랍니다.

(다)

글쓴이	3학년 이선행
쓴 시간	20○○년 ○○월 ○○일 15:34:22

6학년이 되면 이런 걸 해야 하는구나. 나는 그림도 잘 그리지 못하고 만들기도 싫어하는데……. 뭘 하지? 형, 누나들, 알려 주세요.

4 (가)의 기사는 무엇을 알려 주고 있는 내용인지 쓰시오.

_____

5 (나)에 대한 설명으로 알맞지 <u>않은</u> 것은 무엇입니까? ( )

① 축하하는 까닭을 자세히 썼다.
② 축하하는 일이 잘 나타나 있다.
③ 읽는 이의 마음을 고려하여 썼다.
④ 축하하는 마음이 잘 나타나 있다.
⑤ 읽는 이에게 바라는 점이 빠졌다.

6 (다)의 댓글을 대한초등학교 6학년 학생들이 읽고 가장 적절한 반응을 보인 사람은 누구입니까?

> 동욱: 축하하는 마음이 잘 담겨 있어서 읽는 이들 마음도 뿌듯해져.
> 연지: 3학년 동생이 궁금해하는 내용에 대해 구체적으로 알려 주고 싶어.
> 민지: 축하받을 사람의 기쁜 마음을 잘 표현해서 칭찬해 주고 싶어.
> 예주: 축하받을 사람에게 바라는 마음을 잘 나타내고 있어서 고마운 느낌이 들어.

7 축하하는 글을 쓸 때, 가운데 부분에 들어갈 내용을 모두 찾아 기호를 쓰시오.

> ㉠ 첫인사 ㉡ 쓴 날짜 ㉢ 축하할 일 ㉣ 축하하는 말 ㉤ 축하하는 까닭
> ㉥ 끝인사 ㉦ 축하하는 사람

02 웃음을 주는 글의 효과를 알아 봐요

읽기 | 교과서 88~89쪽 | 학습 목표 : 웃음을 주는 글의 좋은 점을 생각하며 글을 읽을 수 있다.

> 이 서방은 한 가게 앞에서 천연덕스럽게 지나가는 사람의 옷을 가리키며 주인에게 물었지.
> "주인장, 이것이 무엇이오?"
> 주인은 촌사람이라 옷도 잘 모른다고 생각하며 무뚝뚝하게 대답하였어.
> "옷이오."
> 주인의 말이 끝나자 이 서방이 가게로 들어섰어. 그리고는 광주리에 수북한 잣을 가리키며 물었어.
> "주인장, 이것은 무엇이오?"
> "잣이오."
> 이 서방은 잣을 한 주먹 집어서 정신없이 먹기 시작하였어. 배불리 먹은 이 서방은 이번에는 갓을 가리키며 물었지.
> "주인장, 이것은 무엇이오?"
> "갓이오."
> 주인의 말이 떨어지자마자 이 서방은 인사를 꾸벅하고 나왔대.
> 깜짝 놀라는 주인을 뒤로 하고 가게를 나온 이 서방이 어깨를 으쓱대며 중얼거렸지.
> "흥, 한양 녀석들. 똑똑한 줄 알았더니 별수 없구먼!"

1 위 글을 읽은 후 웃음이 나는 까닭은 무엇입니까? ( )

① 주인이 이 서방의 물음에 꼬박꼬박 대답한 게 우스워서
② 촌사람인 이 서방의 천연덕스러운 모습이 순진하게 느껴져서
③ 발음이 비슷한 점을 이용하여 어려운 상황을 재치 있게 넘겨서
④ 자신에게 속은 한양 사람들을 똑똑하다고 표현한 게 재미있어서
⑤ 주인을 깜짝 놀라게 하고 가게를 나온 이 서방이 자신만만해 해서

2 위 글에서 이 서방이 가리킨 것과 발음이 비슷한 말을 찾아 연결하시오.

(1) 지나가는 사람의 옷 •   • ㉠ 가시오
(2) 광주리에 수북한 잣 •   • ㉡ 오시오
(3) 갓   •   • ㉢ 자시오

다섯 냥으로 나무 그늘을 산 총각은 마을 사람들이 모두 마음 놓고 나무 그늘에서 쉬도록 해 주었어요.

한낮이 지나가자 해가 서산으로 기울었어요. 해가 기울게 되니 그림자가 부자 영감의 집 마당 안으로 길게 기울어졌어요. 총각도 그 나무 그늘을 따라 부자 영감의 집 마당 안으로 자리를 옮겼어요.

그러자 부자 영감이 총각에게 화를 냈어요.

"이놈아, 왜 남의 집 마당 안까지 들어왔느냐? 썩 나가지 못해?"

"영감님, 저는 제 나무 그늘에 앉아 있어요. 영감님께서 분명히 다섯 냥을 받고 판 나무 그늘이 아닙니까?"

총각은 태연스럽게 말을 하였어요. 듣고 보니 맞는 말인지라 부자 영감은 할 말이 없었어요.

해가 점점 더 기울자, 나무 그늘도 점점 길어지더니 부자 영감네 집 쪽마루 위로 올라갔어요. 총각은 나무 그늘을 따라 쪽마루 위로 올라가서는 벌렁 눕기도 하고 앉기도 하였어요.

"그것 참 시원하다!"

이 광경을 본 부자 영감은 또 화를 냈어요.

"왜 남의 집 쪽마루 위에 함부로 올라오느냐? 썩 내려가거라."

"무슨 말씀이세요? 영감님께서 파신 나무 그늘은 이제 제 것이 아닙니까? 저는 나무 그늘을 따라왔을 뿐이에요."

부자 영감은 기가 막혔지만, 이미 팔아 버린 나무 그늘이니 어쩔 수가 없었어요. 부자 영감네 식구들은 어이가 없었어요.

3 총각이 부자 영감의 집 마당 안으로 들어간 까닭은 무엇입니까? ( )

① 한낮이 지나가고 해가 서산으로 기울어서
② 부자 영감이 자신과의 약속을 지키지 않아서
③ 나무 그늘이 부자 영감의 집 마당 안까지 기울어져서
④ 부자 영감이 마을 사람들을 나무 그늘에서 못 쉬게 해서
⑤ 다섯 냥을 주고 산 나무 그늘을 부자 영감에게 되팔기 위해서

4 총각이 부자 영감에게 나무 그늘을 사겠다고 했던 속마음은 무엇인지 쓰시오.

상길이와 박 서방

옛날에 고기를 파는 푸줏간을 운영하는 박상길이라는 사람이 있었다.

하루는 이 푸줏간에 양반 두 사람이 고기를 사러 들어왔다. 먼저 한 사람이 양반 티를 내어 거드름을 피우며 말했다.

"상길아, 고기 한 근만 베어라.",

"예, 샌님. 잠시만 기다리십시오."

박 서방은 선뜻 고기 한 근을 베어 짚으로 솜씨 좋게 엮어서 내주었다. 이번에는 같이 온 다른 양반이 고기를 달라고 하는데, 어엿한 가장을 보고 아랫사람처럼 대하기가 민망해서인지,

"박 서방, 고기 한 근 주소."

라고 하였다. 그러자 역시

"예, 샌님. 잠시만 기다리십시오."

하고는 고기를 베어 주는데, 그 양이 아까의 갑절이나 되었다. 이를 본 먼저 샌님이 눈알을 부라리며,

"이놈아, 같은 한 근인데 이 양반 건 이렇게 많고 내 것은 왜 이리 작으냐?"

하고 윽박질렀다. 그러자 박 서방이 하는 말,

"예, 샌님. 그건 고기 자른 사람이 달라서 그렇지요."

라고 하였다. 그러자 먼저 샌님이 다시 물었다.

"다른 사람이라니? 둘 다 네 놈이 베고선 무슨 엉뚱한 소리냐?"

그러자 박 서방은 천연덕스럽게 대답을 했다.

"아니올시다. 저건 박 서방이 자른 것이고요. 이건 상길이 녀석이 자른 것입지요."

1 위 글의 중심 소재는 무엇입니까?　　　　　　　　　　　　(　　　)

① 언어 예절　② 검소한 생활　③ 희생 정신　④ 질서 의식　⑤ 상부상조

2 위 글의 주제와 관련 있는 속담은 무엇입니까?　　　　　　　　(　　　)

① 발 없는 말이 천 리 간다.　② 호랑이도 제 말 하면 온다.
③ 가는 말이 고와야 오는 말이 곱다　④ 낮말은 새가 듣고 밤말은 쥐가 듣는다.
⑤ 고기는 씹어야 맛이요, 말은 해야 맛이라.

03 이야기를 읽고 재미있는 장면을 떠올려 봐요

읽기 | 교과서 103~112쪽 | 학습 목표 : 재미있는 장면을 떠올리며 글을 읽을 수 있다.

ⓐ조선미술가협회 ⓑ창립 기념식이 성대하게 열리는 자리였다. 그 자리에는 ⓒ이토 히로부미를 비롯하여 이완용, 송병준과 같은 ⓓ친일파가 많이 참석하였다.

마침 그 자리에는 ⓔ독립운동가인 월남 이상재 선생이 와 있었다. 이상재 선생은 이완용과 송병준을 보며 넌지시 이렇게 말하였다.

"두 분 대감은 아무래도 일본으로 가시는 게 좋겠소이다."

이완용과 송병준은 느닷없는 이상재 선생의 말에 영문을 몰라 서로의 얼굴을 쳐다보다 선생에게 되물었다.

"별안간 그게 무슨 말씀이십니까?"

이상재 선생은 눈썹 하나 까딱하지 않고 즉시 대꾸를 하였다.

"대감들은 나라를 망하게 하는 데에는 누구보다 재주가 뛰어나신 분들 아니오? 그러니 두 분이 일본으로 가기만 하면 틀림없이 일본이 망하게 되지 않겠소?"

이상재 선생의 날카로운 한마디에 두 사람은 물론 그 자리에 참석하였던 친일파 모두가 창피하여 얼굴을 들지 못하였다.

1 이상재 선생이 이완용과 송병준에게 일본으로 가라고 말한 까닭은 무엇입니까?

( )

① 독립운동의 중요성을 깨우치기 위해
② 일본에 있는 친일파를 알아내기 위해
③ 우리나라를 망하게 한 두 사람을 비꼬기 위해
④ 우리나라를 식민지로 만든 일본에 항의하기 위해
⑤ 우리보다 발전된 일본의 선진 기술을 배우게 하기 위해

2 ⓐ~ⓔ 중, 당시의 시대상을 드러내는 말이 아닌 것은 무엇입니까? ( )

① ⓐ　　② ⓑ　　③ ⓒ　　④ ⓓ　　⑤ ⓔ

(가) 소새와 개미는 반가운 것도 반가운 것이지만, 깜짝 놀라 뒤로 나가자빠지는데, 풀쩍 그렇게 잉어 배 속에서 뛰어나오면서 말하는 왕치의 행동이 너무 기가 막혔다.

"휘, 더워! 어서들 먹게! 아, 이놈의 걸 내가 잡느라고 어떻게 애를 썼던지! 에이, 덥다! 어서들 먹게!"

소새는 반가운 것도 놀라운 것도 이제는 어디로 가고 슬그머니 화가 났다. 잡기는 분명 소새 제가 잡아 그 덕에 잉어 배 속에서 귀신도 모르게 죽었을 것을 살려 냈는데, 비위 좋게 제가 잡느라고 애를 쓴 것은 무엇이며 어서들 먹으라고 거듭 생색을 내니 세상에 그런 비위짱도 있더냐 말이다.

(나) 속을 못 차리고 공짜를 너무 바라면 이마가 벗어진다더니, 정말 왕치가 이마의 땀을 쓱쓱 닦는데 보기 좋게 머리가 훌러덩 벗어지고 말았다.

또, 소새는 주둥이가 한 발이나 쑤욱 나와 버렸고, 개미는 너무 웃다 못하여 대굴대굴 구르다가 그만 허리가 잘록 부러지고 말았다.

그때부터 왕치는 대머리가 된 것이고, 소새는 주둥이가 길어진 것이고, 개미는 허리가 부러진 것이라고 한다.

3 (가)에서, 소새와 개미가 왕치를 보고 기가 막혔던 까닭은 무엇입니까? ( )

① 죽은 줄 알았던 왕치가 살아 돌아와서
② 왕치가 갑자기 잉어 배 속에서 뛰어나와서
③ 잉어 배 속에 있었던 왕치가 너무 고생해서
④ 왕치가 자기가 잉어를 잡았다고 생색을 내서
⑤ 소새가 잡아온 잉어를 왕치 혼자 먹겠다고 해서

4 다음과 같이 모습이 변하게 된 인물을 짝지으시오.

(1) 너무 웃다 못하여 대굴대굴 구르다가 그만 허리가 잘록 부러짐 •   • ㉠ 소새

(2) 이마의 땀을 쓱쓱 닦다가, 보기 좋게 머리가 훌러덩 벗겨짐 •   • ㉡ 개미

(3) 왕치의 행동에 화가 나 주둥이가 한 발이나 쑤욱 나와 버림 •   • ㉢ 왕치

플라시보 효과

약의 성분이 하나도 섞이지 않은 가짜 약을 먹고도 병이 낫게 되는 것을 플라시보 효과라고 한다. 이러한 효과는 '이 약을 먹으면 반드시 나을 것이다' 라는 확신을 가진 환자들에게만 나타난다. 우리의 몸은 마음먹기에 따라 이렇게도 변하고 저렇게도 변한다. 긍정적으로 사고하면 체내에 좋은 호르몬이 분비되고 부정적으로 사고하면 나쁜 호르몬이 분비된다. 좋은 호르몬이 분비되면 기분이 상쾌해지고 스트레스가 줄어 건강 상태가 좋아질 뿐 아니라 일을 할 때도 능률이 향상된다. 반대로 나쁜 호르몬이 분비되면 기분이 불쾌해지고 스트레스도 늘어 건강 상태가 나빠질 뿐만 아니라 일의 능률도 크게 떨어진다.

우리 속담에 '말이 씨가 된다' 라는 말이 있다. 이것은 □□□□□ 쓰는 말이다. 속담에 담긴 뜻이 그대로 신경 언어 프로그램 요법에 적용된다. 무엇보다 이 치료법은 자기 자신의 병이 나을 수 없다고 체념하는 환자에게 효과적인 방법이다. 신경 언어 프로그램 전문가는 환자에게 "당신의 병은 나을 수 있다.", "당신이 건강했을 때의 모습을 떠올려 보라."라고 이야기하면서 환자의 자신감을 되찾아 주려고 한다. 자신의 병이 나을 수 없다고 미리 체념해 버리면 몸속에 내재한 자연 치유력이 크게 떨어지기 때문이다. 물론 심리적인 믿음의 체계를 바꾼다고 해서 모든 병이 나을 수 있다고 장담할 수는 없다. 또, 사람의 마음은 서서히 현실에 작용하므로 즉각적인 결과를 눈으로 확인할 수도 없다. 그러나 이 요법을 통해 알레르기, 관절염, 편두통, 공포증 등 여러 질환이 호전되고 환자의 생활이 개선되었다고 한다.

1 '플라시보 효과' 란 무엇이며 어떤 사람에게 효과가 있는지 쓰시오.

_____

_____

2 빈칸에 들어갈 말로 알맞은 것은 무엇입니까? (   )

① 어디서나 말조심을 해야 할 때
② 상황에 따라 적절하게 말해야 할 때
③ 늘 말하던 것이 사실대로 이루어질 때
④ 감추어 두었던 마음을 속시원히 말로 나타낼 때
⑤ 말로써 상대방을 감동시켜 좋은 결과를 얻을 때

독서클리닉

발명품 따라잡기

나도 기발한 발명품 만들어 볼까나?

『21세기를 앞당긴 45가지 발명 이야기』 발견하며 읽기

사진 속의 발명품을 보고 어떤 생각이 드는지 이야기해 봅시다.

발명품 따라잡기

01 종이, 정체를 드러내다

* 다음 글을 읽고, 물음에 답하시오.

세계에서 처음으로 종이를 발명한 나라는 중국이다. 서기 105년 중국 후한의 채륜이라는 사람이 종이 만드는 법을 황제에게 보고했다.

채륜은 궁중에서 쓰는 물건을 관리하며, 수공업 분야의 책임을 맡고 있는 관리였다. 이때는 한나라(전한)가 왕망의 신나라에 멸망했다가 다시 후한이 건국된 지 80년이 된 시기였다. 그 무렵 기록할 때 쓰이는 재료는 대나무·널빤지·비단 등이었는데, 당시 후한은 정치적·문화적 필요에 의해, 기록하는 데 쓸 재료가 엄청나게 필요하였다.

궁중에서 채륜의 임무는 바로 기록하는 물건을 조달하는 것이었으므로, 어떻게 하면 진짜 종이를 만들 수 있나 자나깨나 종이 생각만 하고 있었다. 그렇게 연구와 실패를 거듭하던 어느 날, 나무 껍질(꾸지나무 : 뽕나무과 나무)과 마설(헌 고기 그물), 넝마(비단과 마의 직물류)를 돌절구통에 넣고 잘게 잘 짓이긴 다음, 물을 이용하여 종이를 만들어 냈다. 이것이 바로 오늘날 종이를 만드는 방법과 똑같이 만든 세계 최초의 종이이다.

채륜은 그 이후 질 좋은 종이를 대량으로 생산하기 시작했다. 생산된 종이는 빠른 속도로 중국 전역으로 퍼져 나갔다. 당시 기록할 때 쓰이던 물건들보다 값이 쌀 뿐만 아니라 훨씬 편리했기 때문이다. 또한 종이 만드는 방법도 더욱 발전하여, 지역에 따라서는 재료의 종류도 다양해지고 생산량도 훨씬 늘어났다.

1 종이가 만들어지기 전에는 종이 대신 어떤 것들이 쓰였습니까?

2 채륜이 어떤 방법으로 종이를 만들었는지 알아보고, 오늘날 종이 만드는 방법과 비교해 봅시다.

3 우리나라 신문의 역사를 정리해 봅시다.

4 오늘날 종이 신문이 인터넷 신문에 밀리는 상황에 대한 나의 의견을 써 봅시다.

02 조심! 깨질라

* 다음 글을 읽고, 물음에 답하시오.

유리는 몇 가지 물질을 섞어 녹인 다음 냉각시켜 얻은 투명한 물체이다. 고대 로마 학자 폴리니우스의 〈박물지〉에 기록된 것을 보면, 페니키아의 한 상인이 해변가에서 소다 덩어리 위에 불을 피워 식사 준비를 하던 중, 뜨거운 열에 의해 소다와 모래가 섞여 녹으면서 유리가 만들어졌다고 한다. 이 이야기는 정확한 근거는 없고 추측일 뿐이지만 나중에 실험에 의해 증명이 되었다.

〈박물지〉에 기록된 것보다 훨씬 오래 전에 유리를 사용한 흔적이 발견됐는데, 기원전 2500년 쯤의 것으로 보이는 유물 속에서 유리 구슬이 나왔던 것이다. 일찍이 고대 이집트나 시리아 등지에서는 유리를 만들기 시작했고, 이어 로마 제국에서 유리 공예가 발전했다. 유리 불기를 발견한 시리아인들이 1세기 중반 로마로 이주하면서, 로마 제국의 유리 산업이 크게 성장한 것이다.

그후 로마 제국이 멸망하자, 유리공들은 유럽 각지로 흩어지게 되었고, 특히 베네치아로 이주한 사람들이 많았다. 이후 베네치아는 유리 공업의 중심지로 발전했고, 유리 제조 기술이 외국으로 빠져 나가지 못하게 철저히 비밀로 했다. 그러나 유리공들이 빠져 나오면서 유럽 각 나라에 유리 기술이 전파되었다.

고대에서부터 중세에 이르기까지 유리 제품은 아름다움과 비싼 가격 때문에 귀족들이 애호하는 공예품일 뿐이었다. 그러다 19세기에 이르러 일반 제품이 생산되기 시작했고, 서민들도 널리 사용하게 되었다.

그후 1882년 독일의 물리학자 아베가 광학 유리 공장을 세워, 광학 기기인 렌즈나 프리즘 등의 재료로 쓰이는 광학 유리 기술에 큰 발전을 가져왔다.

1 〈박물지〉에 기록된 유리의 기원에 대해 써 봅시다.

_____

_____

2 베네치아가 유리 공업으로 유명하게 된 이유는 무엇입니까?

_____

3 중세 시대와 19세기 이후의 유리의 쓰임이 달라진 것과 관련하여, 다음 만화의 말주머니에 재미있는 말을 써 넣어 봅시다.

- ㉠ : _____

- ㉡ : _____

4 우리 생활에서 유리가 사용되는 예를 찾아 써 봅시다.

_____

03 이 눈이 네 눈이냐?

* 다음 글을 읽고, 물음에 답하시오.

안경은 불완전한 시력을 교정하거나 눈을 보호하기 위하여 쓰는 물건이다. 정확한 기록은 없지만 대략 13세기에 이탈리아에서 만들어진 것으로 추측된다. 이후 학자나 수도승에 의해 보급되다가 중국 원나라까지 전해졌다고 한다.

안경은 근시용, 난시용, 원시용, 노안용으로 구분할 수 있다. 근시용은 먼 데 있는 것이 뚜렷하게 보이지 않는 시력을 교정하고, 난시용은 먼 거리나 가까운 거리의 잘 보이지 않는 상을 뚜렷하게 볼 수 있도록 시력을 교정한다. 원시용은 가까이 있는 상이 잘 보이지 않는 시력을 교정해 주고, 노안용은 돋보기라고 불리며 나이가 들어 잘 보이지 않는 시력을 교정해 준다.

처음엔 안경테를 나무나 뿔·뼈 등으로 만들었고, 안경알은 수정이나 유리를 사용했으나, 그후 가볍고 잘 흘러내리지 않는 가죽테 안경이 널리 애용되었다. 또한 세계 각국에 보급되면서 나라에 따라 조금씩 다른 특징을 가지게 되었다.

스페인은 신분이 높을수록 큰 안경을 썼다. 프랑스에서는 한쪽 눈에만 쓰는 외알 안경과 가위 안경, 오페라나 승마 경기를 볼 때 사용하던 손잡이가 달린 안경이 유행했다. 그러다 빨리 걷거나 뛸 때도 사용할 수 있는 다리 달린 안경이 등장했는데, 당시로서는 매우 획기적인 일이었다.

1 안경을 용도에 따라 구분하여 써 봅시다.

_____

_____

2 아래의 안경을 사용했던 나라와 용도를 써 봅시다.

• 나라 : _____

• 용도 : _____

3 조선 시대 사람들은 안경을 어떤 물건이라고 생각했습니까?

4 오늘날에는 안경을 어떤 목적으로 사용하는지 써 봅시다.

04 막대 암호, 해석 완료

1 바코드가 붙어 있는 것에는 어떤 것들이 있는지 써 봅시다.

2 바코드 사용의 편리한 점이 무엇인지 써 봅시다.

　바코드가 붙어 있으면 물건이 판매될 때, 계산기에 설치된 스캐너(감지기)를 통과하면서 즉시 판매량·금액 등 판매와 관련된 각종 집계를 할 수 있다. 이것은 빛을 이용한 판독 장치로 자동으로 판독되어 입력되며 상품의 종류를 나타내거나 슈퍼마켓 등에서 매출 정보 관리에 이용된다. 바코드 판독에는 주로 핸드 스캐너가 사용되었으나 최근에는 레이저식이 주류를 이룬다. 레이저식에서는 판독 장치에 바코드가 인쇄된 부분을 통과시키기만 하면 돼 훨씬 편해졌다.

　이러한 판독 과정에 필요한 바코드에는 제조 회사·상품 종류·가격·생산국 등의 정보가 담겨 있다.

바코드 체계는 유럽에서 개발하여 국제적으로 쓰이고 있는 EAN(공통 상품 코드)과 미국과 캐나다에서 사용되는 UPC(통일 상품 코드)로 나뉘어진다. 우리나라는 1988년부터 EAN으로부터 국별 코드인 KAN(한국 공통 상품 번호)을 부여받아 사용하고 있다.

한편 바코드의 13개 숫자 중 앞쪽 세 자리는 국가별 식별 코드로 우리나라는 항상 880을 쓰는데, 이는 세계 어느 나라로 수출되더라도 한국 상품임을 나타낸다. 다음 네 자리는 한국 유통 정보 센터가 배정한 제조 업체 번호로, 고유 코드가 있어 중복되지 않는다. 그 다음 다섯 자리 번호는 상품 식별 번호로, 제조 회사에서 자기 제품에 부여한 상품 코드이다. 그리고 마지막 한 자리 숫자는 바코드가 정확히 구성되어 있는가를 확인하는 체크 기호로 KAN의 신뢰도를 높여 준다.

3 우리나라의 바코드는 어떤 순서로 표기되는지 써 봅시다.

4 오른쪽 바코드에서 우리나라 국가 코드, 제조 회사 코드, 상품 코드를 찾아 써 봅시다.

- 국가 코드:
- 제조 회사 코드:
- 상품 코드:

8 801037 025217

20세기 10대 히트 발명품

① 종이 클립
20세기 초 독일에 거주하던 노르웨이인 요한 바알러는 구부러진 철사를 이용해 종이를 묶음으로써 종이가 흩어지지 않게 하는 방법을 고안했다.

② 아이스크림 콘
1904년 세이트루이스 세계박람회에서 식품 업자인 아놀드 포나초와 어니스트 함위가 아이스크림과 달콤한 식용 과자를 함께 출품한 것이 시초였다. 이보다 한 해 앞선 1903년 이탈로 마르코니는 아이스크림을 담을 수 있는 원뿔형 종이 봉지의 특허를 받았다.

③ 네온
1909년 프랑스 물리학자 조지 클로드는 오렌지 빛 유리 튜브에 가스를 모으는 데 성공했으며 1년 뒤부터 파리의 건물들의 네온으로 각종 광고에 널리 쓰이게 됐다.

④ 셀로판
파리 시내 카페의 테이블보에 와인과 커피 얼룩이 지는 것을 막으려던 자크 브란덴버거가 1912년 발명했다.

⑤ 지퍼
1913년 지든 선드백이 'Z-z-zip'는 간단한 디자인에 대한 특허를 받았으며 그후 굿리치사가 고무 덧신을 죄는 데 이를 사용하면서 '지퍼'라는 이름이 붙었다.

⑥ 일회용 반창고
붕대회사에 목화를 납품하던 얼 딕슨이란 사람이 결혼한 후 신부가 작은 상처를 입자 조그만 무균 붕대 조각을 만들어 붙여준 것이 시초였다.

⑦ 사진복사기
체스터 칼슨이 가루 잉크를 사용하는 정전식 복사기를 개발했다.

⑧ 볼펜
제2차 세계대전 중에 헝가리 발명가 라즐로 비로가 발명했으며 1943년 아르헨티나에서 특허권을 얻은 뒤 상품화했다.

⑨ 프리스비(놀이 기구 원반)
20세기 중반 미국 뉴햄프셔의 빌 로브스와 로스앤젤레스의 프리데릭 모리슨이 '우주 비행 접시'와 '프루토 접시'란 이름으로 각각 상품화했다.

⑩ 접착 메모지
1973년 3M사 직원 스펜서 실버가 발명했고 그의 동료 아서 프라이가 이를 응용 발전시켰다.

교과서 논술 02

언어의 세계

『듣기·말하기·쓰기』/ 『읽기』_ 5. 언어의 세계

한글을 만드신 세종대왕은 천재야 천재~

01 적절한 호응 관계를 살펴봐요

듣기　말하기　쓰기　교과서 84~102쪽 | 학습 목표 : 문장의 호응 관계의 적절성을 판단할 수 있다.

1 다음 밑줄 친 낱말에 호응하는 것은 무엇입니까?

(1) 나는 <u>내일</u> 놀이동산에서 친구를 (만났어. / 만날 거야.)
(2) 너무 힘들지만 <u>결코</u> 그 일을 (포기할 거야. / 포기할 수 없어.)
(3) <u>아무리</u> 먹을 것이 (없더라도 / 없어서) 그걸 먹으면 안 되지.
(4) 오늘 아침에는 <u>할아버지께서</u> (밥을 / 진지를) 맛있게 드셨다.
(5) 내가 <u>만약</u> 어른이 (된다면 / 되어서) 가난한 사람들을 도울 것이다.

＊ 다음 글을 읽고, 물음에 답하시오.

> 우리 가족은 지난 토요일에 제주도를 다녀왔습니다. 아버지께서 결혼기념일을 맞이하여 가족 여행을 가자고 하셨기 때문입니다.
> 제주도로 가기 위하여 우리 가족은 차를 타고 공항까지 이동하였고, 다시 기다렸다가 비행기를 타야 했습니다. ☐ 시간은 많이 걸렸지만 책에서만 보던 곳을 간다는 기쁨에 힘든 줄도 몰랐습니다. 비행기가 뜨고 아름다운 바다가 보였습니다.
> 제주도는 정말 아름다운 섬이었습니다. 또, 가까운 장소에서 등산도 할 수 있고, 해수욕도 할 수 있는 곳이기도 하였습니다.
> 집으로 돌아오는 길에 아버지께 내년에도 다시 제주도로 놀러 가자고 졸라 대니 그렇게 하겠다고 말씀하셨습니다. 벌써부터 내년이 기다려집니다.

2 글쓴이가 제주도로 여행을 간 까닭은 무엇입니까?　(　　)

① 부모님의 결혼기념일이기 때문에
② 제주도가 아름다운 섬이기 때문에
③ 등산과 해수욕을 할 수 있는 곳이기 때문에
④ 책으로만 보던 제주도를 직접 보고 싶었기 때문에
⑤ 글쓴이가 가족 여행을 제주도로 가자고 졸랐기 때문에

3 빈칸에 들어갈 말로 알맞은 것은 무엇입니까?　(　　)

① 만일　② 비록　③ 얼마나　④ 더불어　⑤ 왜냐하면

여러 가지 운동

㉠지금부터 여러분께 여러 가지 운동에 대하여 설명할게. 운동을 할 때에 사용하는 기구를 기준으로 하여 운동을 분류하여 보면, 기구가 없어도 할 수 있는 운동과 기구가 있어야만 할 수 있는 운동이 있습니다.

먼저, 운동 기구가 없어도 할 수 있는 운동이 있습니다. 이러한 운동에는 달리기, 걷기, 수영 등이 있습니다. 달리기, 걷기가 땅에서 하는 운동인 반면에 수영은 물에서 하는 운동입니다.

다음으로, 운동 기구가 있어야만 할 수 있는 운동이 있습니다. 그중에서 우리가 흔히 접하는 운동은 공을 사용하는 운동입니다. 공을 사용하는 운동 중에는 축구, 농구, 배구처럼 큰 공을 사용하는 운동이 있는가 하면 탁구, 테니스처럼 작은 공을 사용하는 운동도 있습니다. 그리고 탁구, 테니스의 경우에는 공을 칠 수 있는 라켓도 함께 사용합니다.

지금까지 운동할 때에 사용하는 기구를 기준으로 하여 운동을 분류하여 보았습니다. 이 밖에도 운동을 분류하는 기준에는 참여하는 사람 수, 운동하는 장소 등이 있습니다.

㉡여러분은 어제 어떤 운동을 하겠습니까? 어떤 운동이든 평소에 꾸준히 하는 습관이 필요합니다. ㉢왜냐하면, 운동은 건강한 몸을 만들어 줍니다.

4 ㉠~㉢은 문장의 호응 관계가 어색하다. 그 까닭을 쓰고, 바르게 고쳐 쓰시오.

(1) ㉠ 까닭 : _____

➡ _____

(2) ㉡ 까닭 : _____

➡ _____

(3) ㉢ 까닭 : _____

➡ _____

열린 교과서

왕따의 어원

왕따는 여럿이 짜고 누군가를 집단적으로 따돌리며 괴롭히는 것을 말한다. 주로 어린 학생들 사이에서 어떤 집단에 존재하는 기준에서 벗어나는 이를 벌주기 위한 의도적 또는 따돌리는 집단의 압력에 동조하여 같이 괴롭히는 행동을 말한다. 어른들 사이나 다른 사회 조직에서도 발생하는 경우가 있으며, 피해 당사자는 심리적으로 괴로움을 당하고 심하면 육체적으로도 피해를 입는다. 극단적인 경우에는 자살의 원인이 되기도 한다. 최근에는 이러한 괴롭히는 행위를 범죄적 행위로 여기고 있다.

왕따라는 용어는 '왕(王)따돌림'의 준말인데, '왕'은 '왕회장', '왕초' 등에서 볼 수 있듯이 '크다'는 뜻이고, '따'는 '따돌리다'의 머리글자이다.

이 같은 따돌림의 문제로 우리보다 먼저 골치를 앓았던 것은 일본의 학교 사회였다. 일본에서 왕따는 '이지메'라 부르는 것으로, 이러한 일본의 학교 내 따돌림을 보도하면서 우리나라 언론들은 처음에 '집단 따돌림'이란 말을 썼다. 왜냐하면 '이지메'에 대응하는 우리말이 없었기 때문에 번역투의 어색한 말을 쓸 수밖에 없었기 때문이다.

그러다 1997년부터 학생들 사이에 '왕따'라는 은어가 자연스럽게 유행되자 언론들은 '집단 따돌림'이라는 어색한 말을 버리고 '왕따'라는 말을 쓰기 시작한 것이다.

1 '왕따'의 뜻을 쓰시오.

_____

2 '왕따'의 일본말과 번역투 말투는 무엇인지 쓰시오.

일본말 : _____

번역한 말 : _____

02 글쓴이의 의도나 목적을 파악하며 글을 읽어 봐요

읽기 　교과서 116~124쪽 | 학습 목표 : **글쓴이의 의도와 목적을 생각하며 글을 읽을 수 있다.**

> 　고유의 말은 있지만 고유한 문자가 없어 어려움을 겪던 인도네시아의 한 소수 민족이 한글을 그들의 말을 적는 문자로 사용하기 시작하였다. 이로써 독창적이고 과학적인 표음 문자인 한글의 우수성이 다시 한번 주목받게 되었다.
> 　훈민정음학회에 따르면, 인도네시아 부톤 섬의 바우바우시는 이 지역 고유어인 '찌아찌아어'를 표기할 문자로 한글을 시범적으로 도입하였다고 한다. 이는 아직 시범적인 단계이지만 한민족 외에 한글을 사용하는 주목할 만한 사례이다. "바하사 찌아찌아 1" 교과서는 '부리(쓰기)'와 '뽀가우(말하기)', '바짜안(읽기)'의 세 갈래로 짜여 있으며, 모든 내용이 한글로 쓰여 있다. 이 교과서에는 찌아찌아족의 언어와 문화, 부톤 섬의 역사와 사회 등에 관한 내용과 함께 우리 옛이야기인 '토끼전'이 실려 있다. 찌아찌아어를 적는 한글은 자음자와 모음자를 우리가 현재 쓰는 것과 거의 같은 방식으로 사용한다.

1 위 글을 쓴 글쓴이의 의도로 가장 알맞은 것은 무엇입니까?　　　　(　　)

① 한글의 올바른 사용법을 알리기 위해
② 한글과 다른 문자와의 차이점을 비교하기 위해
③ 한글을 배우는 외국인들의 실태를 알리기 위해
④ 한글이 만들어진 역사적 배경을 설명하기 위해
⑤ 한글이 세계적으로 인정받고 있음을 알리기 위해

2 '바하사 찌아찌아 1' 교과서에 실려 있는 내용이 <u>아닌</u> 것은 무엇입니까?　　(　　)

① 찌아찌아족의 언어
② 우리나라의 '토끼전'
③ 찌아찌아족의 문화
④ 부톤 섬의 역사와 사회
⑤ 우리나라의 문화와 역사

우리나라가 세계에서 문맹률이 가장 낮은 나라에 속한 것도 세계 최고의 문자인 한글 덕분이다. 세계 강대국에 속하는 나라에서도, 글을 읽고 쓸 줄 모르는 문맹이 많아 문제가 되고 있다. 미국의 경우, 전체 인구 중에서 글을 읽고 쓸 줄 아는 국민의 비율은 우리나라보다 훨씬 낮다. 중국의 경우에는 그보다 더 낮은 실정이다.

21세기는 정보화 사회이다. 문맹은 정보화 사회의 가장 큰 걸림돌이다. 미국의 대통령들이 문맹 퇴치를 국가적 사업으로 추진하는 것도 바로 이 때문이다. 이에 비하여 우리나라는 문맹률이 채 1퍼센트도 되지 않는다고 하니 이것이 모두 간결하고 배우기 쉬운 한글 덕분이다.

유럽에서 한국학의 권위자로 알려진, 전 독일 함부르크대학의 베르너 자세 교수는 다음과 같은 경험담을 들려준다.

> 맨 처음 보았을 때에는 한글이 어렵다고 느꼈지만, 실제로 배워 보니까 하루 만에 배울 수 있었습니다. 특히, 한글의 글자 모양이 입 모양이나 발음 모양을 본떠 만들었다는 사실을 알게 되니까 아주 인상적이고 쉽게 배울 수 있었습니다. 열 살도 안 된 우리집 아이들도 취미로 한글을 금방 깨우치고 나서는 자기들끼리 비밀 편지를 쓸 때에 한글로 씁니다. 독일말을 한글로 적는다는 뜻입니다. 그만큼 한글은 쉽게 익혀 쓸 수 있는 글자입니다.

3 우리나라의 문맹률이 낮은 까닭은 무엇입니까? ( )

① 취미로도 충분히 한글을 배울 수 있기 때문에
② 한글이 간결하고 배우기 쉬운 글자이기 때문에
③ 교육의 중요성에 대한 국민 의식 수준이 높기 때문에
④ 문맹 퇴치를 국가적 사업으로 삼은 정부의 노력 때문에
⑤ 세계 어느 나라보다 일찍 정보화 사회에 도달했기 때문에

4 한글의 글자 모양의 특징은 무엇입니까?

_____

5 글쓴이가 베르너 자세 교수의 경험담을 인용한 까닭은 무엇인지 쓰시오.

_____

_____

'한글' 명칭의 유래

한글은 세종 28년(1446년)에 '훈민정음'이라는 이름으로 반포되고 나서 '언문, 반절' 등의 이름으로 불리었다. 그러나 이런 이름은 모두 당시 사대부들이 쓰던 한자와 비교하여 상대적으로 낮추어 부르는 말이었다. 그 뒤 갑오경장 이후로는 '국문'이라고 일컬었으나 이는 특정 언어에 대한 명칭이라기보다는 그저 우리나라 글이라는 뜻으로 쓰인 것에 지나지 않았다.

그러다가 우리글을 '한글'이라고 처음 이름 붙이기는 국어학자 주시경 선생이 1913년에 신문관 발행의 어린이 잡지 〈아이들 보이〉에 집필한 글에서 가로 글씨의 제목으로 한글이라고 표기한 것이 처음이다. 그러나 이 이름이 널리 쓰이지는 못하다가 1927년 2월부터 조선어학회 회원들의 동인지로 창간된 국어국문 연구 잡지가 〈한글〉이라는 제호를 달고 월간으로 발행되었다. 또 그 전해에 창설했던 훈민정음 기념일의 명칭인 '가갸날'을 한글날로 고치고, 신문, 잡지 및 강연회, 강습회 등과 한글 맞춤법 통일안의 보급에 의하여 한글이란 이름이 널리 퍼지게 되었다.

'한글'이라는 말은 글 중에 가장 큰(大) 글, 글 중에 오직 하나(一)인 좋은 글, 온겨레가 한결같이 쓴 글, 글 중에서 가장 바른(正) 글[똑 바른 가운데를 '한' 가운데라 함과 같음], 결함이 없이 원만한 글[입에 꽉찬 것을 '한입'이라 함과 같음]이란 뜻들을 겸한 것이다.

1 훈민정음이 창제되던 당시 한자와 비교하여 한글을 낮춰 부른 이름은 무엇입니까?

2 '한글'의 뜻으로 적절하지 <u>않은</u> 것은 무엇입니까? (   )

① 글 중에 가장 큰 글
② 글 중에서 가장 바른 글
③ 온 겨레가 한결같이 쓰는 글
④ 글 중에 가장 아름다운 글
⑤ 글 중에 오직 하나인 좋은 글

03 한글의 우수성을 생각하며 글을 읽어 봐요

읽기 | 교과서 129~134쪽 | 학습 목표: 한글의 우수성과 원리에 대해 알 수 있다.

(가) 첫째, 한글은 그 제자 원리가 매우 독창적이고 과학적인 문자이다. 한글 모음의 경우, 하늘, 땅, 사람을 본떠 각각 '•', 'ㅡ', 'ㅣ'의 기본 글자를 만들고, 이 기본 글자를 위, 아래, 왼쪽, 오른쪽으로 합쳐 'ㅏ', 'ㅓ', 'ㅗ', 'ㅜ'와 같은 나머지 모음을 만들었다. 한글 자음의 경우, 발음 기관의 모양을 본떠 'ㄱ, ㄴ, ㅁ, ㅅ, ㅇ'의 기본 글자를 만들고, 이 기본 글자에 획을 더하거나 같은 글자를 하나 더 써서 'ㄱ, ㅋ, ㄲ'과 같은 자음자를 만들었다.

(나) 둘째, 한글은 적은 수의 글자로 자연에 존재하는 대부분의 소리를 적을 수 있는 문자이다. 한글은 자음과 모음 스물넉 자의 낱글자로 11,172개의 음절을 적을 수 있다. 반면에 다른 문자들은 그렇게 많은 음절을 구별하여 적지 못한다. 한글은 발음할 때의 입과 혀의 모양을 본떠 만든 문자이기 때문에 사람의 입에서 나오는 대부분의 소리를 효과적으로 적을 수 있는 매우 보기 드문 문자이다.

(다) 셋째, 한글은 세계의 문자 중에서 가장 쉽고 빠르게 배울 수 있는 문자이다. 영어는 알파벳이 스물여섯 자이지만, 소문자, 대문자의 인쇄체, 필기체를 알아야 하니 100개가 넘고, 중국어는 한자 수만 5만 자가 넘으며, 일본어 역시 규칙에 따라 만들어진 문자가 아니기 때문에 모든 글자를 따로 익혀야 한다. 반면에 한글은 일정한 원리에 따라 만들어졌기 때문에, 기본이 되는 자음자 다섯 개, 모음자 세 개만 익히면 다른 글자도 쉽게 익힐 수 있어 문자를 배우는 데 드는 시간이 놀랄 만큼 절약된다.

(라) 넷째, 한글은 세계의 문자 중에서 컴퓨터, 휴대 전화 등 기계화에 가장 적합한 문자이다. 오늘날과 같은 ㉠정보 통신 시대에 사용하기 좋은 '디지털 문자'로서 탁월하다. 휴대 전화로 문자를 보낼 때에 한글로는 5초면 되는 문장을 중국어나 일본어로는 35초가 걸린다는 연구가 있다. 휴대 전화의 한글 자판은 한글의 자음과 모음의 획을 더하는 원리에 기초하여 설계되었기 때문에 다른 그 어느 문자보다 손쉽고 빠르게 정보를 교류할 수 있다. 우리나라가 세계적인 정보 통신 강국이 된 것도 따지고 보면, 그 바탕에 한글이라는 문자의 힘이 작용하였기 때문이다.

1 위 글을 통해 알 수 있는 한글의 특성이 아닌 것은 무엇입니까? ( )

① 적은 수의 글자로 대부분의 소리를 적을 수 있다.
② 제자 원리가 매우 독창적이고 과학적인 문자이다.
③ 세계의 문자 중에서 가장 쉽고 빠르게 배울 수 있다.
④ 컴퓨터, 휴대 전화 등 기계화에 가장 적합한 문자이다.
⑤ 한 글자가 다양한 소리로 발음되는 특성을 가지고 있다.

2 한글의 모음에서 '하늘', '땅', '사람'을 본떠 만든 기본 글자를 쓰시오.

(1) 하늘	
(2) 땅	
(3) 사람	

3 한글의 낱글자 수와 한글로 나타낼 수 있는 음절 수를 각각 쓰시오.

(1) 낱글자: _____

(2) 음절: _____

4 ㉠의 까닭은 무엇입니까? ( )

① 자음과 모음의 획을 더하는 원리 때문에
② 발음 기관의 모양을 본떠 만들었기 때문에
③ 우리나라의 정보 통신 기술이 발달했기 때문에
④ 우리나라 휴대 전화의 성능이 매우 우수하기 때문에
⑤ 우리나라가 세계적인 정보 통신 강국이 되었기 때문에

2015년 유망 직업

　유망 직업 조사는 국내 직업 전문 기관의 자료를 토대로 미래 유망 직업 100개를 선정해 제시하고 이 중 5개 직업을 중복 선택하게 한 뒤, 급여 수준, 업무 성취도, 고용 안정성, 자기 발전성, 직업 전문성, 일자리 수요, 고용 평등, 근무 환경, 근무 시간, 사회적 위상 등 10가지 기준에 의거해 평가하도록 했다. 그 결과, '금융 자산 운용가'가 항목별 평균 점수에서 가장 높은 점수를 얻었다. ○○○ 컨설턴트는 '금융 자산 운용가'가 유망 직업으로 떠오르고 있는 이유는 '경제 성장으로 보유 자산이 확대되고 평균 수명이 연장되면서 재테크에 대한 인식이 높아지고 있기 때문'이라며 '금융 상품이 매우 다양해지면서 금융 자산 운용가의 역할과 수요는 계속 커질 것'이라고 말했다. 다음으로 '컴퓨터 보안 전문가'와 '하이브리드 동력 시스템 개발자'가 각각 2위와 3위를 기록했다. '컴퓨터 보안 전문가'는 직업 전문성과 사회적 위상에서 높은 점수를 얻었으며, '하이브리드 동력 시스템 개발자'는 개발 수준 항목에서 상대적으로 높은 점수를 기록했다. ○○○ 컨설턴트는 '개인과 기업의 정보 유출, 컴퓨터 해킹 등이 늘어나면서 범국가적인 차원에서 보안의 중요성이 점점 강조되고 있으며, 환경 오염을 줄이고 에너지 효율을 높일 수 있는 친환경 시스템에 대한 관심이 깊어지면서 보안과 친환경 차와 관련된 직업의 수요가 계속 늘어날 것으로 보인다'고 말했다. 또한 '평생 직장의 개념이 사라지면서 직업에 대한 안정성이나 규칙적인 근무 시간보다는 전문성과 성취도, 자기 발전성이 상대적으로 높은 직종이 미래 유망 직업으로 꼽히고 있다.'며 '자신의 적성과 흥미뿐 아니라 직업 전망까지 미리 파악한다면 진로를 결정하는 데 도움이 될 것'이라고 말했다.

1 '금융 자산 운용가'가 가장 유망한 직업에 선정된 까닭은 무엇인지 쓰시오.

2 미래 유망 직업으로 위와 같은 직업들이 꼽히는 까닭은 무엇인지 쓰시오.

영재 클리닉 01

세계가 하나로

『사회』_ 3. 정보화, 세계화 그리고 우리

세계의 모든 나라가 이제는 한 마을이지…

지구촌이라는 말을 들어본 적이 있나요?

정보 사회와 세계화

사회 | 교과서 88~122쪽 | 학습 목표 : 정보 사회와 세계화에 대해 알 수 있습니다.

* 다음 글을 읽고, 물음에 답하시오.

- **정보 사회의 특징**
  ① 정보 사회에서는 정보를 충분히 활용하여 인간 생활의 문제를 해결할 수 있음.
  ② 누리 사랑방(블로그)은 내가 관심을 갖고 있는 정보를 수집하여 정리하거나 새로운 정보를 만드는 공간임.
  ③ 정보 프로슈머(참여형 소비자)는 정보 사회에서 정보를 소비하면서도 생산하는 사람임.

- **정보 사회의 긍정적인 면과 부정적인 면**

긍정적인 면	유익한 정보를 적은 비용과 노력으로 어디서나 쉽고 빠르게 얻을 수 있음.
부정적인 면	• 신뢰할 수 없는 정보를 접하게 됨. • 인터넷 게임 중독, 크래킹, 개인 정보 유출 등으로 인해 많은 피해를 입기도 함.

1 정보 사회의 특징으로 알맞지 않은 것은 무엇입니까? ( )

① 참여형 소비자가 될 수 있다.
② 새로운 정보를 만들 수 있다.
③ 관심이 있는 정보를 수집할 수 있다.
④ 어떤 일을 하는 데 시행착오를 많이 겪는다.
⑤ 정보를 이용하여 인간 생활의 문제를 해결할 수 있다.

2 다음 〈보기〉에서 설명하고 있는 것이 무엇인지 쓰고, 그것이 정보 사회의 긍정적인 면인지 부정적인 면인지 쓰시오.

> **보기**
> 남의 컴퓨터 시스템에 침입하여 장난을 하거나 범죄를 저지르는 일을 말한다. 비밀 번호 교체와 바이러스 검사를 자주 해 주는 것이 예방법이다.

※ 다음 표를 보고, 물음에 답하시오.

- **세계화의 뜻**

  각 국가의 경계가 약화되고 세계가 경제를 중심으로 통합되면서 상호 의존성이 심화되고 있음을 뜻함.

- **세계화의 긍정적인 면과 부정적인 면**

긍정적인 면	• 경제적인 면 : 자유로운 무역을 통해 자국의 상품을 수출하고 다른 나라의 상품을 수입함으로써 서로 경제 성장을 이룰 수 있음. • 정치적인 면 : 한 국가의 힘만으로 해결하지 못하는 전쟁, 테러, 기아, 질병 등의 문제를 해결하기 위해 국경을 초월하는 정책을 제시하고 국제적 활동을 전개함. • 환경적인 면 : 지구적인 환경 문제를 해결하기 위해 세계 각국이 공동 노력을 기울임. • 문화적인 면 : 다양화 문화가 교류하면서 우리나라와 다른 나라의 문화가 서로 영향을 미침. 또한 서로 다른 문화들이 만나 새로운 형태의 문화가 만들어지기도 함.
부정적인 면	• 경제적인 면 : 국가들 사이에 돈의 흐름이 자유로워지면서 한 나라의 금융 위기는 세계 다른 여러 나라의 경제에 악영향을 미침 • 사회적인 면 : 각 나라 간의 대립과 갈등으로 세계 곳곳에서 사회적 문제가 발생함. • 문화적인 면 : 무분별한 외국 문화의 수입으로 자국의 전통문화에 대한 관심이 부족해지거나 자국의 전통문화를 외면하는 경우가 종종 벌어짐. • 정치적인 면 : 지구촌 문제를 정치적으로 해결하고자 할 때 강대국의 입장이 강하게 작용하는 경우가 많음.

3 각 국가의 경계가 약화되고 세계가 경제를 중심으로 통합되면서 상호 의존성이 심화되고 있음을 뜻하는 말은 무엇인지 쓰시오.

4 세계화의 환경적인 측면의 긍정적인 점은 무엇인지 쓰시오.

* 다음 표를 보고, 물음에 답하시오.

- 쟁점 중심 학습의 과정

쟁점 사례 이해 : 쟁점이 무엇인지 이해하는 과정

⬇

문제 규명 : 쟁점의 성격과 쟁점이 발생하게 된 배경, 원인 등을 이해하는 과정

⬇

상호 입장 탐색 및 토론 : 상대방의 주장과 근거가 적절한지 탐색하고, 자신의 주장을 근거로 들어 제시함으로써 상대방을 설득하는 과정

⬇

입장의 재정립 및 수정 : 논쟁 과정을 통해 자신의 입장을 다시 세우거나 수정하거나 보충하는 과정

⬇

대안 찾기 및 결론 내리기 : 양측의 입장을 적절히 배려하여 문제를 해결할 수 있는 대안을 찾는 과정

5 '쟁점 중심 학습의 과정' 중에서 쟁점이 무엇인지 이해하는 과정은 무엇인지 쓰시오.

6 '쟁점 중심 학습의 과정' 중에서 다음과 같은 내용은 어느 단계에서 나오는 내용인지 쓰시오.

> 농수산물 시장 개방은 우리 생활에 긍정적인 영향을 미치기도 하지만 부정적인 영향을 미치기도 한다. 양쪽 입장의 장점과 단점을 고려하여 개선안을 만들도록 노력해야 한다.

* 다음 글을 읽고, 물음에 답하시오.

- **전통문화의 계승**
  - 전통문화의 뜻 : 오랜 세월에 거쳐 이어져 내려와 고유한 가치를 인정받은 것, 다른 나라와는 다른 우리만의 고유한 것

  - 전통문화 계승의 뜻 : 그 나라에서 발생하여 전해 내려오는 그 나라 고유의 문화를 물려받아 이어 나가는 것

  - 전통문화를 계승하고 발전시켜 나가는 것이 중요한 까닭
    ① 전통문화를 계승하지 않으면 사라지기 때문에
    ② 전통문화를 계승하는 것은 민족의 과거와 미래를 연결하는 것이기 때문에
    ③ 전통문화를 계승하여 문화 콘텐츠 산업으로 발전시킴으로써 국가의 부를 창출할 수 있기 때문에
    ④ 국가 이미지를 높이는 데 기여할 수 있기 때문에

7 우리나라의 전통문화가 아닌 것은 무엇입니까? ( )

① 한글 ② 김치 ③ 한자
④ 태권도 ⑤ 금속 활자

8 전통문화를 계승하고 발전시켜 세계가 인정한 우리나라의 대표 문화가 아닌 것은 무엇입니까? ( )

① 공예 문화 상품
② 태권도를 계승한 뮤지컬 '점프'
③ 춤과 음악, 축제 등을 계승한 삼바 축제
④ 한글을 디자인에 응용한 패션 디자인 상품
⑤ 사물놀이 리듬에 서양의 의복을 접목한 '난타'

01 열린 지구촌 시대

* 다음 글을 읽고, 물음에 답하시오.

신문에는 날마다 여러 나라의 소식이 실린다. 국제적인 스포츠 경기의 진행 상황, 멀리 떨어져 있는 나라의 선거, 지진으로 인한 피해 상황뿐만 아니라 주식 가격의 오르내림, 날씨까지도 자세히 실린다.

텔레비전 방송국에서는 뉴스 시간에 외국에 나가 있는 특파원을 연결하여 먼 나라의 일을 이웃의 일처럼 보여 준다. 화상 전화로 그 나라의 정부 관리들과 직접 통화하여 정치나 경제에 관한 소식을 시청자들에게 보다 생생하게 전하기도 한다. 올림픽이나 스포츠 경기는 생방송으로 중계되어 전세계 사람들이 동시에 볼 수 있다.

이런 일이 가능하게 된 것은 인공 위성 때문이다. 인공 위성 가운데 가장 널리 이용되는 것이 통신 위성이다. 통신 위성은 대부분 적도 상공의 정지 궤도에 쏘아올려져, 한 지역의 지상으로부터 받은 전파 신호를 다른 지역의 지상 기지국으로 보내는 역할을 한다.

최근에는 '정보의 바다' 라고 불리는 인터넷을 이용하여 자료를 찾거나 소식을 주고받는 사람들과 기업, 단체가 늘어나고 있다. 인터넷은 전 세계 각국을 연결한 네트워크를 말한다.

처음에는 미국에서 국내 컴퓨터들을 연결하여 사용할 목적으로 시작한 것이라고 한다. 그러나 빠른 시간 내에 세계 전역으로 퍼지게 되었고, 2000년 말 현재, 전세계에서 4억 명 가량이 이용하고 있다. 인터넷은 누구나 언제든지 사용할 수 있다.

1 통신 수단의 발달로 세계의 생활 모습에 어떤 변화가 생겼는지 써 봅시다.

_____

_____

2 '지구촌 시대'란 무엇을 의미하는지 써 봅시다.

_____

_____

3 여러 나라 중에서 내가 가고 싶은 나라를 생각하고 그 이유를 써 봅시다.

_____

_____

4 외국에 사는 친구에게 우리나라 고유 음식을 알리는 이메일을 써 봅시다.

E-mail : _____

_____

_____

_____

_____

_____

_____

from. _____

02 두 소년의 편지

* 다음 글을 읽고, 물음에 답하시오.

1999년 여름, 아프리카 기니 코나크리에서 브뤼셀로 향하는 벨기에 사베나 항공의 에어버스 착륙 장치 안에서, 작고 검은 시신 2구가 발견됐다. 샌들 차림에 몸이 얼어붙은 야킨 코이타(14세)와 포드 투르카나(15세)가 그들이다. 비행기에 몰래 숨어 탄 그들은 랜딩기어 보관실에서 1만 피트 고도에서의 추위와 산소 부족을 이겨내지 못하고 비행 10여 시간만에 얼어 죽고 만 것이다.

이들의 시신을 발견한 공항 정비사들은 처음에는 밀입국을 시도하려다가 죽은 것으로 여겼다. 그러나 그들의 손에 꼭 쥐고 있던 편지를 발견하고 눈물을 쏟았다. 서툰 프랑스어로 또박또박 적어 내려간 글씨, 마치 자신들의 죽음을 예견한 듯 그들이 남긴 여운은 모든 이들의 가슴을 울렸다.

존경하는 유럽의 지도자 여러분,

당신들의 아름다운 대륙에 사랑을 호소하며 저희 둘의 고통과 험난한 여행의 목적을 말씀드립니다. 저희를 조금만 도와 주십시오. 아프리카 어린이들은 너무 벅찬 고통을 겪고 있습니다. 전쟁과 가난, 전염병에 내몰려 먹거리를 찾아 헤매고 있습니다. 학교 건물은 있어도 선생님과 교재가 없어 교육은 꿈도 꾸지 못합니다. 당신들의 국민, 가족, 자녀 사랑을 저희에게 조금만 베풀어 주시길 바랄 뿐입니다.

아프리카 어린이들을 대신해 호소합니다. 저희가 살고 있는 아프리카 대륙을 부디 되살려 주십시오. 혹시 저희들이 죽은 시체로 발견된다면, 아프리카 어린이들이 겪고 있는 비참한 상황을 알리고 도움을 청하려 했던 뜻으로 이해하여 받아주시길 바랍니다.

1999년 7월 29일 기니의 두 소년 씀

1 내가 소년들의 입장이었다면 어떻게 했을지 써 봅시다.

_____

_____

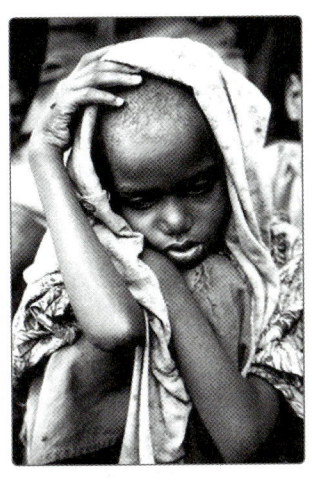
　태어난 지 1년 6개월 된 리차드는 낡은 담요 조각을 덮은 채 조그만 두 손을 허공에 내저으며 엄마를 찾고 있다. 얼마 남지 않은 머리카락은 누렇게 색깔이 바뀌었고, 피부는 갈라져 온통 쭈글쭈글했다. 다리의 짓무른 상처에는 파리떼가 엉겨 붙어 있었고, 입에 음식을 넣어 주어도 받아먹지 못했다.
　리차드는 심각한 영양 실조로 인해 움직이는 것조차 힘들만큼 쇠약해져 있었다. 내전이 일어나기 전 리차드의 가족들은 농사를 지으면서 평화롭게 살았다. 르완다 내전(투치족과 후투족의 싸움)이 일어나자 리차드가 살던 마을은 파괴되었고, 군인들은 그들 가족을 난민 수용소로 쫓아냈다.
　수용소에 들어온 지 한 달만에 리차드는 설사병에 걸려 심하게 앓았고, 온갖 기생충에 감염되었다. 또 식량 부족으로 인해 심각한 영양실조를 앓고 있다. 리차드의 아버지는 말라리아에 걸렸고 엄마도 영양 실조 증세가 나타나기 시작했다.
　그러나 가장 가까운 보건소는 3킬로미터나 떨어져 있고, 치료약도 부족해 리차드의 가족은 구호단체가 보내준 콩으로 죽을 쑤워 먹으며 영양 실조 증세가 나아지기를 그저 기다리고 있다.

2 난민 수용소의 생활 모습에 대하여 써 봅시다.

_____
_____

3 기니의 소년들과 리차드를 도울 수 있는 방법을 생각해 봅시다.

_____
_____

03 세계의 축제

창조주인 브라후마가 손에 들고 있는 연꽃을 땅에 떨어뜨려 그 자리에서 물이 솟아나 호수가 생기고, 그 주위로 작은 마을이 형성되었다는 동화 같은 이야기의 도시가 바로 인도의 '푸시카르'다. 이 작은 도시에서는 매년 11월 보름달이 뜰 때 축제가 열린다. '푸시카르 축제' 또는 '낙타 축제'로
알려진 이 축제는 두 가지의 목적으로 이루어진다. 하나는 우리나라 시골 5일장처럼 각지에서 낙타를 사고 팔기 위한 목적과 푸시카르 호수에서 목욕을 하면 죄가 씻겨진다고 믿는 순례자들의 종교적 목적이다.

스페인의 부뇰이라는 작은 마을에서는 매년 8월 마지막 주 수요일만 되면 마을 중앙 광장으로 모여 '토마토 전쟁'이라고 하는 이색적인 축제를 벌인다. 축제 참가자들은 토마토를 무기 삼아 서로를 향해 사정없이 던진다. 마을에 있는 사람들은 한 시간 동안 서로에게 적이 되어 승자도 패자도 없는 '토마토 전쟁'을 치르는 것이다. 온동네가 토마토즙으로 범벅이 되고 사람들은 신나는 축제의 재미를 마음껏 즐긴다.

캐나다 최남단에 위치한 빅토리아는 짧은 겨울을 제외한 거의 1년 내내 푸른 초목과 갖가지 원색의 꽃들로 가득하다.
2월말부터 3월초 일주일간 빅토리아 시민들은 꽃송이 수를 세는 '꽃송이 세기 축제'를 연다. 이렇게 세어진 꽃송이 수는 전화로 집계되는
데 최종적으로 집계된 꽃송이의 수를 발표하며 겨울이 가고 봄이 왔음을 경축하는 것이다.

1 세계 여러 나라의 축제를 보고 우리나라에는 어떤 축제가 어울릴지 생각해 봅시다.

• 지역적 특색을 드러낼 수 있는 축제: _____

• 명절 또는 특정일을 기념하는 축제: _____

생각과 논리

『듣기·말하기·쓰기』/『읽기』_ 6. 생각과 논리

교과서 논술 03

생각과 논리? 좀 까다롭긴 하겠는데~

01 선거 유세에서 주장과 근거의 적절성을 판단해 봐요

듣기 말하기 쓰기 　교과서 106~120쪽 | 학습 목표 : 선거 유세를 듣고 주장과 근거의 적절성을 판단할 수 있다.

1 선거 유세의 특징으로 알맞지 <u>않은</u> 것은 무엇입니까?　　　(　　)

① 청중은 후보자의 주장과 근거가 적절한지를 판단한다.
② 후보자는 가치 있고 중요한 주장인지 따지는 심판관이다.
③ 선거 유세에는 자기가 뽑히면 어떤 일을 하겠다는 공약이 있다.
④ 선거 유세에는 청중의 관심을 끌 수 있는 내용이 포함되어 있다.
⑤ 후보자는 다양한 설득 전략을 사용하여 청중에게 지지를 호소한다.

2 다음의 선거 유세에서 후보자가 내세운 공약을 두 가지 이상 찾아 쓰시오.

　제가 반장이 되면 먼저 학급 친구들의 고민을 들어주고, 불편한 점이 있으면 찾아내서 개선될 수 있도록 선생님께 도움을 요청하는 징검다리 역할을 하고 싶습니다. 선생님께 말 못할 고민은 대화를 하며 풀어 갈 수 있는 분위기를 만들고, 반드시 개선되어야 할 점은 선생님과 상의하며 즐거운 학교생활을 만들어 나가기 위하여 노력하겠습니다.
　여러분, 친구를 배려하는 마음이 가득한 행복한 교실을 저와 함께 만들어 보지 않겠습니까? 여러분의 소중한 한 표를 부탁합니다. 감사합니다.

_____

_____

_____

* 다음 글을 읽고, 물음에 답하시오.

전교 어린이 회장 선거 토론회

(가) 기호 1번 우선욱

제가 전교 어린이 회장이 된다면 다음과 같이 노력하겠습니다. 먼저, 일주일에 한 번 정도는 흰 우유 대신에 다른 우유를 먹는 것에 대하여 설문 조사하고, 그 결과를 바탕으로 하여 학교에 건의할 생각입니다. 일주일에 한 번이 어렵다면 한 달에 한 번씩, 또는 한 학년씩 순서를 정하여 학생들이 좋아하는 우유를 먹을 수 있도록 노력하겠습니다.

(나) 기호 2번 이주현

따뜻한 물이 나오려면 순간온수기를 화장실에 설치하여야 하는데, 그렇게 되면 많은 돈이 들어가 어려움이 있을 것입니다. 그렇지만 학생들의 복지를 위하여 돈을 쓰는 일은 당연한 것입니다. 학교에서 적극적으로 받아들일 수 있도록 최선을 다하겠습니다. 화장실에서 따뜻한 물이 나와 손을 씻을 때마다 기분이 좋아지는 학교를 만들기 위하여 노력하겠습니다.

3 두 후보자가 공통적으로 주장하는 것은 무엇입니까? ( )

① 학생들의 기분이 좋아지는 학교를 만들기 위해 노력하겠다.
② 학교에 더욱 좋은 시설을 설치할 수 있도록 학교에 건의하겠다.
③ 학생들의 복지를 위하여 학교에서 돈을 쓸 수 있도록 노력하겠다.
④ 전교 어린회 회장으로 자신을 뽑아 주면 공약을 실천하기 위해 노력하겠다.
⑤ 설문 조사를 실시하여 학생들이 좋아하는 우유를 먹을 수 있도록 노력하겠다.

4 선거 유세에서 적절성을 판단하는 방법으로 거리가 먼 것은 무엇입니까? ( )

① 가치 있고 중요한 주장인지 판단한다.
② 실천 가능한 주장인지 올바르게 판단한다.
③ 주장에 따른 근거가 이치에 맞고 옳은지 판단한다.
④ 주장과 근거를 말하는 사람이 믿을 만한지 판단한다.
⑤ 누가 더 흥미롭고 재미있게 지지를 호소하는지 판단한다.

교통사고율이 높은 자동차 색

순위	1	2	3	4	5	6	7	8	9
색	파란색	녹색	회색	흰색	빨간색	검정색	밤색	황금색	기타
사고율(%)	25	20	17	12	8	4	3	2	9

　파란색 차와 빨간색 차가 달리고 있다고 생각해 볼 때 운전자가 두 대의 차를 같은 거리에서 바라본다면 빨간색 차 쪽이 파란색 차보다 7미터 가깝게 보인다는 결과가 있었다. 이는 파란색 차가 실제보다는 작게, 멀리 있는 것처럼 보인다는 말이다. 왜 이런 현상이 일어날까? 색에 따른 사물 위치가 다르게 보이는 것은 색의 굴절률과 눈의 초점 기능 때문이다. 빨간색 차의 경우 빛의 굴절률이 작기 때문에 눈에 들어왔을 때 망막보다 뒤쪽에 상을 맺는다. 그렇게 되면 우리 안구는 망막 위에 상을 맺으려고 수정체를 부풀리게 된다. 초점을 맞추려고 할 때 수정체가 부풀려져 볼록렌즈 상태가 되는 것이다. 즉, 빨간 물체는 실제 거리보다 가깝고 팽창하여 보이는데, 파란 물체는 반대의 현상이 생기게 된다.

　파란색 외에도 진한 녹색, 회색도 작게 멀리 보여 위험색으로 분류된다. 가장 안전한 색은 '노란색'인데, 노란색은 색수차가 없어 우리 눈에 들어왔을 때 망막 위에 정확한 초점이 맞는다. 또한 망막 위에서 잉크처럼 넓어지고, 색채 중 가장 크게 보이는 성질도 가지고 있다. 유치원차, 어린이들의 노란색 모자, 노랑 비옷 등을 보면 왜 노란색이 안전한지 알 수 있다.

1 같은 거리에서 바라볼 때, 빨간색 차가 파란색 차보다 멀리 있는 것처럼 보이는 까닭은 무엇인지 쓰시오.

2 다음 중, 가장 잘 보이는 색깔의 차는 어느 것입니까? (　　　)

① 회색 차　　　② 빨간색 차　　　③ 노란색 차
④ 파란색 차　　⑤ 진한 녹색 차

02 상황을 생각하며 논설문을 읽어야 하는 까닭을 알아 봐요

읽기 | 교과서 138~145쪽 | 학습 목표: 주장과 근거를 펴는 상황을 생각하며 글을 읽을 수 있다.

(가) 언제부터인가 무슨 기념일이라고 하여 친구들 사이에 과자나 사탕을 주고받는 일이 생겨났다. 그럴 때면 교실은 시끌벅적해지고, 친구들은 과자나 사탕을 나누어 먹으며 즐거워한다. 아예 상자째 과자나 사탕을 사 와서 의기양양하게 친구들과 우정을 쌓는다고 말하는 친구도 있다. 그렇지만 나는 과자나 사탕으로 ㉠정체불명의 기념일을 보내는 데 반대한다.

먼저, 이러한 기념일은 기념일이 담고 있어야 하는 의미가 없이 만들어진 경우가 많다. 기념일은 축하하거나 기릴 만한 일이 있을 때, 해마다 ㉡그 일을 잊지 않으려고 기억하는 날이다. 그런데 ㉢유행처럼 생기는 기념일은 누가 언제 만들었는지도 모르는 것이 대부분이다. ㉣'무슨 무슨 날'이라고 만들기는 하였지만 그 의미에 대해서는 아무 생각이 없다. 그저 과자나 사탕을 사서 나누어 먹기만 할 뿐 ㉤뚜렷한 의미도 없는 날이 친구들 사이에 기념일이라고 하여 유행처럼 번지고 있다.

(나) 언제 어떤 기념일이 또 생겨날지 모른다. 학교에서는 어린이들을 바르게 지도하기 위하여 노력하고 있지만, 이러한 유행은 어린이들 사이에 좀처럼 수그러들지 않고 있다. 이제라도 우리 스스로 정체불명의 기념일이 생기고 퍼지는 까닭과 그 때문에 생기는 여러 가지 문제점에 대하여 생각해 보아야 한다.

1 글쓴이가 문제점으로 내세우고 있는 것은 무엇입니까? (   )

① 정체불명의 기념일이 생겨났다.
② 우리의 기념일이 사라지고 있다.
③ 과자나 사탕을 너무 자주 먹는다.
④ 교실에서 너무 시끌벅적하게 떠든다.
⑤ 친구들과 우정을 쌓는 일을 소홀히 한다.

2 ㉠~㉤ 중, 의미가 나머지 넷과 다른 것은 무엇입니까? (   )

① ㉠　　② ㉡　　③ ㉢　　④ ㉣　　⑤ ㉤

(가) 첫째, 돈을 만들어 쓰면 곡식을 사람이 지거나 말에 싣고 가는 고충을 덜 수 있습니다. 교역할 때에 쌀을 사용한다면 멀거나 가깝거나 운반하기가 어렵습니다. 실제의 사용 가치는 얼마 안 되면서도 쌀은 무겁기 때문에 헛되이 힘을 소모하게 됩니다.

(나) 둘째, 돈을 만들어 사용하면 견고하기 때문에 저축하는 데도 걱정이 없을 뿐만 아니라, 백성에게 나누어 주기에도 매우 편리합니다. 국가의 창고에는 구슬과 옥, 산호와 수정, 금과 은, 무소의 뿔과 코끼리의 이빨 같은 보물과 더불어 포목과 쌀을 모아 둡니다. 대개 포목은 오래 두면 상하고 쌀 역시 오래 두면 썩어 손실이 큽니다.

(다) 셋째, 국가에서 벼슬아치들에게 봉급을 줄 때에 돈을 사용하면 손쉽게 지급할 수 있고, 부정을 막을 수 있습니다. 벼슬아치들에게 봉급을 쌀로 주려면 창고에 쌀을 오래 저장할 수 있어야 하는데, 실제로는 일 년분밖에 보관하지 못합니다.

(라) 넷째, 돈을 만들어 사용하면 교활하고 간교한 무리들의 부정을 막아 곤궁한 백성의 이익을 돌볼 수 있습니다. 백성은 먹는 음식을 하늘같이 귀하게 여깁니다. 그런데 그것을 돈으로 삼는다면 마음씨가 좋지 못하며 교활하고 간교한 무리들이 이익을 더 얻기 위하여 모래나 먹을 수 없는 쌀을 섞을 것입니다.

3 주장과 근거를 펴는 상황을 생각하며 글을 읽어야 하는 까닭을 모두 고르시오.

( )

① 글쓴이가 누구인지 정확히 알 수 있기 때문에
② 글의 길이가 어느 정도인지 알 수 있기 때문에
③ 주장과 근거의 적절성을 파악할 수 있기 때문에
④ 주장을 몇 개 제시했는지 판단할 수 있기 때문에
⑤ 글쓴이의 주장을 깊이 있게 이해할 수 있기 때문에

4 글쓴이가 말하고자 하는 것은 무엇입니까? ( )

① 저축을 많이 하자.
② 백성을 귀하게 여기자.
③ 돈을 만들어 사용하자.
④ 벼슬아치들의 부정을 막자.
⑤ 국가의 창고를 견고하게 만들자.

발렌타인데이의 유래

발렌타인데이는 '3세기 경 원정을 떠나는 병사의 결혼을 금지한 로마 황제 클라우디우스 2세에 반대한 사제 발렌티누스가 처형된 270년 2월 14일의 기념일과 이날부터 새들이 짝짓기를 시작한다고 하는 서양의 속설이 결합한 풍습이라고 한다.
처음에는 어버이와 자녀가 사랑의 교훈과 감사를 교환하던 풍습이, 20세기에는 남녀가 사랑을 고백하고 선물을 주고받는 날이 되었다고 한다. 다른 자료에서도, 그때 클라우디우스 2세는 전쟁을 치르기 위해 강한 군대를 원했지만, 용맹스러운 군인을 차출하는 데 어려움을 겪었다. 그는 그 이유가 전쟁터로 가야 할 남성들이 집에 두고 온 아내와 가족을 그리워했기 때문이라고 생각하여 로마에서 모든 결혼과 약혼을 금지했다.
발렌티누스는 그러한 금지가 부당하다고 생각하여 젊은 군인들을 위해 비밀리에 결혼식을 주관했다. 이런 사실이 알려지자 황제는 발렌티누스에게 사형을 명했다. 발렌티누스는 감옥에 갇혀 있을 때, 간수의 딸과 친구가 됐는데 죽기 직전에 그녀에게 '당신의 발렌티누스로부터'라는 말이 담긴 편지를 남겼다. 발렌티누스의 죽음이 사랑을 주제로 하는 축제와 결합하면서 연인들이 카드와 꽃을 보내고 사랑을 고백하는 풍습이 생겼다.
오늘날에는 발렌타인데이가 홍보 효과를 노린 기업 마케팅의 전략이 되었지만, 발렌타인데이에 깃들인 순수한 의미는 기억해도 좋을 것이다. 그런데 왜 우리나라의 전설이나 신화, 역사에 기초한 축제나 기념일이 많지 않고, 때로는 푸대접까지 받는 것일까? 우리도 젊은이가 기념할 수 있는 날들을 발굴하고 제정하고, 초콜릿 대신에 인절미나, 사탕 대신에 한과를 세상에 소개할 수도 있지 않을까?

1 정체불명의 기념일에 대한 자신의 생각을 찬성 또는 반대하는 입장에서 쓰시오.

찬성한다 : _____

반대한다 : _____

03 글을 읽고 주장이 타당한지 파악해 봐요

읽기 | 교과서 146~149쪽 | 학습 목표 : 글을 읽고 주장이 타당한지 파악하는 방법을 알 수 있다.

(가) 요즈음 우리의 전통 음식보다는 외국에서 유래한 햄버거나 피자 등을 더 좋아하는 어린이의 모습을 쉽게 볼 수 있습니다. 이러한 음식은 지나치게 많이 먹으면 건강이 나빠지기도 합니다. 그에 비하여 우리의 전통 음식은 오랜 세월에 걸쳐 전하여 오면서 우리 입맛과 체질에 맞게 발전하여 왔기 때문에 여러 가지 면에서 우수합니다.

(나) 첫째, ㉠전통 음식은 건강에 이롭습니다. 우리가 날마다 먹는 밥은 담백하여 쉽게 싫증이 나지 않으며 어떤 반찬과도 잘 어우러져 균형 잡힌 영양분을 섭취하기 좋습니다. 된장, 간장, 고추장 등의 발효 식품에는 무기질, 비타민 등이 풍부하게 들어 있어 몸을 건강하게 해 줍니다. 특히, 청국장은 항암 효과는 물론 해독 작용까지 뛰어나다고 합니다. 된장도 건강에 이로운 식품으로 알려져 있습니다.

(다) 둘째, 전통 음식을 가까이하면 계절과 지역에 따라 다양한 맛을 즐길 수 있습니다. 우리 조상은 생활 주변에서 나는 여러 가지 재료를 이용하여 계절에 맞는 다양한 음식을 만들어 왔습니다. 주변의 바다와 산천에서 나는 풍부하고 다양한 해산물과 갖은 나물이나 채소 등의 재료는 각각 고유한 맛을 가지고 있습니다. 이러한 재료를 이용하여 만들어진 여러 가지 음식은 지역의 특색을 살린 독특한 맛을 냅니다.

(라) 셋째, 우리의 전통 음식에서 우리 조상의 슬기와 문화를 경험할 수 있습니다. 우리 조상은 겨울을 나기 위하여 김장을 하고, 저장 온도와 저장 기간을 조절하여 겨울철에도 신선하게 채소를 먹을 수 있도록 하였습니다. 삼국 시대부터 발달한 염장 기술로 고기류와 어패류를 오랫동안 보관하여 맛있게 먹을 수 있도록 하였습니다.

(마) ㉡우리나라의 전통 음식은 참살이 식품으로 세계 여러 나라 사람에게 주목을 받고 있습니다. 우리 조상의 넉넉한 마음과 삶에서 배어 나온 지혜가 담긴 전통 음식은 그 맛과 멋과 영양의 삼박자가 모두 갖추어져 있습니다. 우리는 우리 전통 음식의 과학성과 우수성을 알고 전통 음식에 관심을 가지고 사랑하여야겠습니다.

1 글쓴이가 걱정하고 있는 문제 상황은 무엇입니까? ( )

① 우리 조상의 슬기와 문화를 이어받지 못하는 현실이 안타깝다.
② 우리 전통 음식의 과학성과 우수성을 모르는 어린이들이 너무 많다.
③ 우리 전통 음식에 대해 우리보다 세계 여러 나라 사람들이 더 잘 안다.
④ 어린이들이 우리의 전통 음식보다 외국에서 유래한 음식을 더 좋아한다.
⑤ 우리의 명절과 세시 풍속에 대해 이해하지 못하는 사람들이 점점 늘어난다.

2 글쓴이의 주장이 무엇인지 찾아 쓰시오.

_____

_____

3 ㉠의 근거로 들 수 있는 예가 <u>아닌</u> 것은 무엇입니까? ( )

① 청국장은 항암 효과와 해독 작용이 뛰어나다.
② 계절과 지역에 따라 반찬의 종류가 매우 다양하다.
③ 균형 잡힌 영양분이 골고루 들어 있어 섭취하기 좋다.
④ 된장, 간장, 고추장에는 무기질과 비타민이 풍부하다.
⑤ 우리가 날마다 먹는 밥은 담백하여 쉽게 싫증이 나지 않는다.

4 ㉡의 까닭으로 알맞은 것은 무엇입니까? ( )

① 간편해서 누구라도 쉽게 만들 수 있기 때문에
② 어린이들이 햄버거나 피자보다 더 좋아하기 때문에
③ 세계 어느 나라에 가도 손쉽게 구할 수 있기 때문에
④ 멋과 맛과 영양의 삼박자가 모두 갖추어졌기 때문에
⑤ 값이 싼 재료로도 충분히 고급스러운 맛을 낼 수 있기 때문에

에밀레종의 과학적인 비밀

에밀레종은 우리나라 최대의 종으로, 성덕 대왕 신종이라 하기도 하며, 봉덕사에 달았기 때문에 봉덕사종이라고도 한다. 그런데 성덕 대왕 신종이라 하지만 성덕왕이 만든 것은 아니다. 경덕왕이 아버지인 성덕왕을 추모하고 덕을 널리 알리기 위해 만들었다. 그러나 경덕왕 대에 완성하지 못하고 34년 후인 혜공왕이 771년에 완성하였다. 이 종이 만들어질 당시에 이보다 큰 종이 만들어진 적이 없을 정도로 아주 큰 종인데, 그 시대의 과학 기술을 총동원해서 만들었다고 한다. 그런데 어려운 과정을 거쳐 만들어진 종을 쳐 보았지만 전혀 소리가 나지 않았다. 그후 다시 만들어진 에밀레종의 무게는 18.908톤이고 높이는 3.33미터이며, 지름은 2.27미터이다.

전설에 따르면, 에밀레종을 만들 때 어린 아기를 넣었다고 하는데, 엄마 때문에 쇳물 속에 녹아 종이 된 어린 딸의 슬픈 하소연이 종을 칠 때마다 종소리에 섞여 '에밀레' 하고 애달프게 울려 퍼진다고 한다.

한편 에밀레종을 매단 곳의 아래 바닥을 보면 평평하지 않고 약간 움푹하게 들어가 있는 것을 볼 수 있는데, 우리나라에서 종을 매단 곳에서는 모두 이러한 구덩이를 볼 수 있다. 이 구덩이는 기타의 울림통과 같은 역할을 하여 소리가 오래 지속되게 하기 위한 것이다.

1 '에밀레종'의 다른 이름은 무엇인지 쓰시오.

2 우리나라 종을 매단 곳의 아래 바닥을 약간 움푹하게 만든 까닭을 쓰시오.

쉽지, 빠르지, 편하지?

사람은 머리를 써야 해. 참! 나는 토끼지 ㅜㅜ

『과학』_ 3. 에너지와 도구

그림은 손잡이로 방향과 속도를 조절하는 이동식 가방입니다. 이동식 가방에 엔진을 달면 어떨지 생각해 봅시다.

지레 아냐, 지레야

> 과학 | 교과서 90~125쪽 | 학습 목표: 지레의 원리를 이해하고 지레를 사용하는 예를 찾을 수 있다.

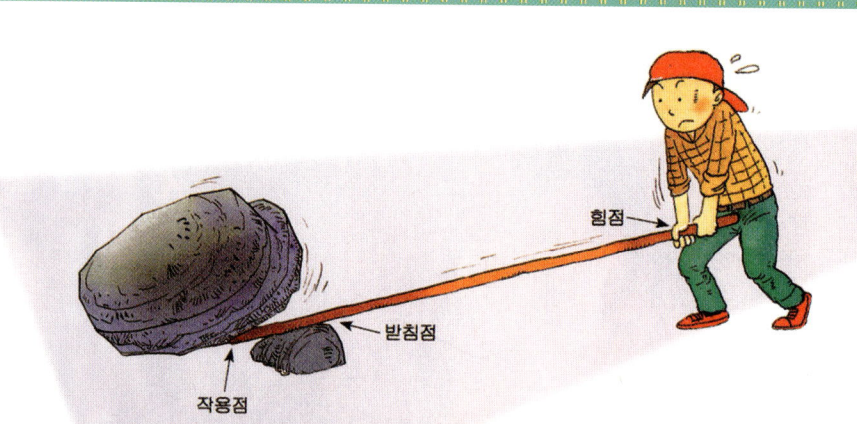

긴 막대나 널빤지를 사용하면 무거운 물체를 쉽게 움직일 수 있습니다. 이와 같은 도구를 지레라고 합니다. 지레에는 힘점, 작용점, 받침점이 있습니다. 지레는 긴 막대와 같은 지렛대와 지렛대를 받칠 수 있는 받침이 있어야 합니다. 지레를 사용해서 무거운 물체를 들어올릴 때 힘을 주는 곳이 힘점, 지렛대를 받치는 곳이 받침점, 물체에 힘이 작용하는 곳이 작용점입니다. 받침점에서 힘점까지의 거리가 멀수록, 받침점에서 작용점까지의 거리가 가까울수록 보다 작은 힘으로 무거운 물체를 들어올릴 수 있습니다.

1 코끼리와 토끼가 수평을 이루려면 어떻게 해야할지 써 봅시다.

2 지레의 원리를 설명해 봅시다.

3 가위에도 지레의 원리가 숨어 있습니다. 힘점, 작용점, 받침점을 찾아 표시해 봅시다

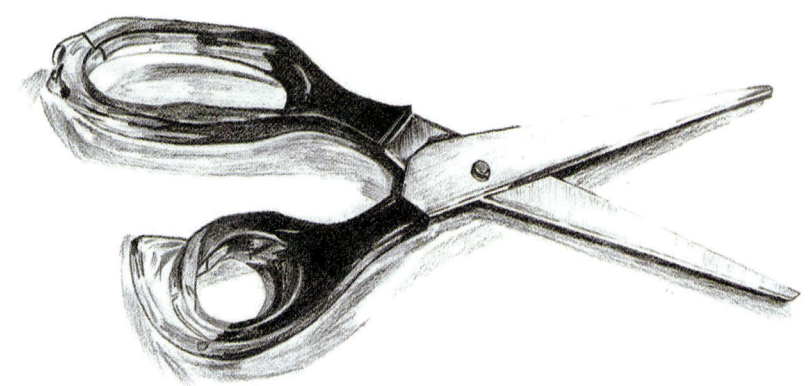

4 다음의 도구를 사용했을 때 편리한 점을 써 봅시다.

(1)
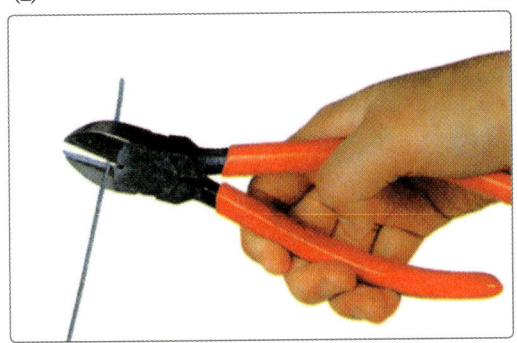

_____
_____

(2)
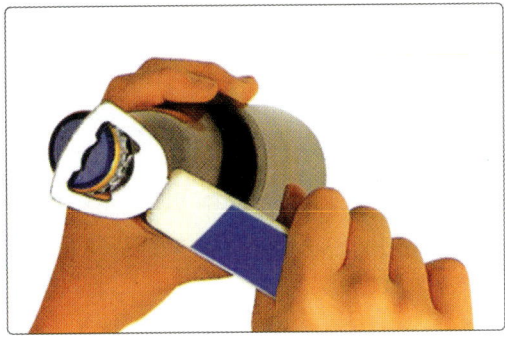

_____
_____

(3)
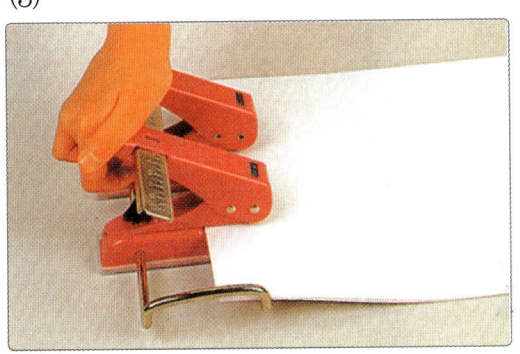

_____
_____

(4)
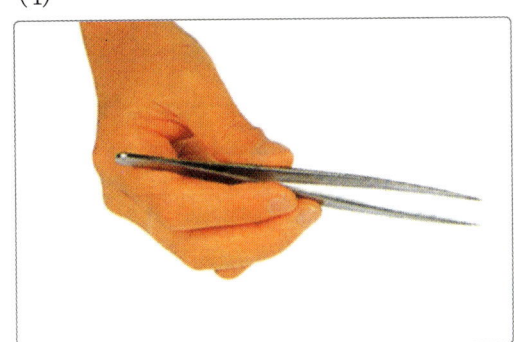

_____
_____

Step by Step로

쉽지, 빠르지, 편하지?

01 굴릴까, 미끄러질까?

* 다음 글을 읽고, 물음에 답하시오.

바퀴는 인류가 발명한 최고의 발명품 중 하나로 손꼽힌다. 바퀴는 회전축을 중심으로 방사형의 바퀴살과 원형의 바퀴 테가 회전한다. 바퀴는 우리 생활을 편리하게 바꾸어 놓은 세기의 혁명가라 불릴만하다. 그렇다면 이러한 바퀴는 어떤 원리로 회전하는 것일까?

물건을 움직일 때 움직이지 않으려고 저항하는 힘을 '마찰력'이라고 한다. 마찰력에는 끌고 갈 경우의 '미끄럼 마찰력'과 굴러가는 경우의 '굴림 마찰력'이 있다. 그런데 굴림 마찰력이 미끄럼 마찰력보다 훨씬 힘이 적게 들기 때문에, 물건을 옮길 때 끌고 가는 것보다는 굴림대를 이용해 굴리는 것이 편하다.

바퀴 발명의 역사를 거슬러 올라가면, 고대인들이 사용했던 굴림대와 썰매를 만날 수 있다. 고대인들은 무거운 물건을 옮길 때, 큰 통나무를 밑에 깔아서 굴러가게 했다. 이것은 바퀴의 원시적인 형태이다. 그것이 발전하여 기원전 3500년경 메소포타미아에서는 통나무를 둥글게 자른 원판 바퀴를 사용했다. 이렇게 시작된 바퀴가 바퀴살을 가진 다양한 형태와 우수한 재료의 바퀴로 발달하면서 인류의 문명은 더욱 편리해졌다.

1 굴림 마찰력이 미끄럼 마찰력보다 힘이 적게 드는 이유는 무엇입니까?

---

2 오늘날 우리가 사용하는 도구들 중 바퀴가 있어 더욱 편리한 경우를 세 가지만 써 봅시다.

　기원전 1300년경 이집트의 벽화를 보면 수레 대신 사람들이 끄는 썰매를 사용하고 있다. 이것은 사막의 모래 위에서는 미끄러지는 것이 더 효율적이었기 때문이다. 또 북유럽의 습지대나 눈 덮인 평원 위를 달릴 때는, 바퀴 달린 수레보다 썰매를 이용하는 것이 효율적이었다. 현대의 자기 부상 열차도 굴러가기보다는 미끄러지기가 더 효율적인 경우다.

　바퀴살 없이 통나무를 통째로 둥글게 잘라 만들었던 바퀴에 무게를 줄이기 위해 3~4 군데 구멍을 뚫었다가, 차츰 회전 차축을 중심으로 방사형으로 뻗어나가는 바퀴 살을 만들게 되었다. 또, 마찰을 더 줄이기 위해 차축 주위에 다시 구슬을 넣어 구르게 하는 베어링도 만들었다.

　무엇보다도 바퀴로 인해 인류의 교통 문명이 혁신적으로 발전하게 된 데는 타이어의 역할이 컸다. 세발자전거처럼 속이 꽉 찬 솔리드 타이어는 1865년 R.W.톰슨이 고무를 이용해서 처음으로 만들었다. 이보다 더 발전된 공기 타이어는 1888년 스코틀랜드의 수의사였던 J.B.던롭이 열 살 난 아들을 위해 장난감 삼륜 자동차를 개량하다가 딱딱한 고무 대신, 고무 튜브에 공기를 집어 넣어 만들어 냈다.

3 굴림 마찰력보다 미끄럼 마찰력이 더 유용한 경우를 써 봅시다.

4 바퀴가 어떻게 발전되어 왔는지 정리해 봅시다.

02 적외선의 활약

* 다음 글을 읽고, 물음에 답하시오.

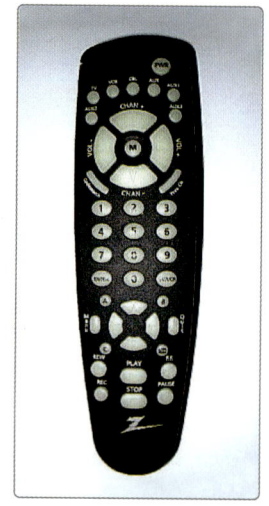

국내에서 처음으로 리모컨이 포함된 TV가 생산되었을 때의 방송 광고가 흥미롭다. 리모컨에서 레이저 광선 같은 것이 TV에 발사되면서 TV가 저절로 켜지기도 하고 꺼지기도 하는 내용이었다. 그 광고 속 리모컨에서 발사되던 광선은 파장이 짧은 근적외선이다.

우리가 사용하는 리모컨에는 각 버튼마다 특정 주파수가 정해져 있다. 가전제품이 작동할 때, 미리 정해진 주파수의 적외선이 이들 제품의 적외선 수신부로 발사되는 것이다. 리모컨의 앞부분에는 조그마한 전구가 달려 있는데, 바로 이 곳에서 적외선을 발사한다.

또 가전제품에는 리모컨 신호를 수신하는 센서가 달려 있다. 이 센서는 각각 정해진 주파수의 적외선을 다시 전기 신호로 바꿔 주는 역할을 한다. 보통 리모컨에서 발사되는 적외선이 영향을 미칠 수 있는 거리는 수 미터 정도다. 적외선이 너무 먼 거리까지 영향을 미치면 다른 제품에까지 영향을 끼치기 때문이다.

때때로 벽을 향해 버튼을 누를 때도 작동이 되는 경우가 있는데, 이것은 적외선이 벽이나 거울 등에 반사되기 때문이다. 태양빛이 많이 들어오는 공간에서는 햇빛의 적외선과 리모컨의 적외선이 혼합되어 잘못 작동되거나 작동되지 않을 수도 있다.

1 리모컨으로 작동하는 가전제품에는 어떤 것들이 있는지 써 봅시다.

2 리모컨이 작동하는 원리를 설명해 봅시다.

3 리모컨에 추가하고 싶은 기능이 있다면 어떤 것이 있는지 써 봅시다.

---

4 다음의 적외선 센서 사용은 어떤 좋은 점이 있는지 써 봅시다.

> 아파트의 엘리베이터에서 내리면 천장에 등이 달려 있다. 주변이 어두워지고 사람이 등에 다가서면 저절로 켜진다. 이러한 등은 아파트나 주택의 현관에 많이 설치되어 있으며, 적외선 센서를 이용한다.
> 사람이 엘리베이터에서 내리거나, 현관문을 열고 나오면 벽에 부딪히던 적외선이 사람에 반사되므로 수신되는 적외선에 변화가 나타난다. 이러한 변화를 감지하여 전등에 일정한 시간 동안 불이 켜지게 한다.

03 출시 예정!

* 다음 글을 읽고, 물음에 답하시오.

사람이 스트레스를 받으면 작은 일에도 예민해지고 이로 인해 문제를 더 복잡하게 만들고 짜증이 난다. 사무실용 건강 상태 검진기는 사무실에서 일을 하는 동안 손목 시계의 송신기에 부착된 신체 측정 센서들이 맥박, 체온, 혈압을 계속 측정한다. 몸 상태가 위험에 들어가면 음성 메일로 호출 신호를 보내는 등 사용자의 건강 상태에 적절히 대응하는 첨단 장치다.

'바다 괴물'이라는 뜻의 라틴어 단어에서 이름 붙여진 '케투스' 다이빙 복은 수영 선수처럼 능숙한 솜씨를 뽐낼 수 있도록 돕는다. 배터리 3개가 달린 환경 친화적 제트 엔진을 이용해 물속 깊이 들어갈 수 있다. 엉덩
이와 무릎에 부착된 센서가 신체 움직임을 포착, 다이빙 복의 제트 노즐 방향을 조정한다. 헬멧은 방수 처리가 되어 있고, 공기의 압력으로 인해 영향을 받지는 않는다. 수면에서 천천히 움직일 수 있도록 헬멧 뒤에는 스노클이 달려 있다. 또 목 부위 골절을 막기 위해 단단한 플라스틱 재질을 사용했다.

1 위의 제품들이 실제로 만들어진다면 어떤 좋은 점이 있을지 써 봅시다.

_____
_____

2 앞으로 나왔으면 하는 첨단 도구들을 쓰고, 그 기능을 설명해 봅시다.

_____
_____

논술 클리닉

모두 소중한 사람이야!

『말하기·듣기·쓰기』 / 『읽기』 _ 4. 마음의 울림

아무렴, 생명이 있는 모든 게 소중한 거지.

나는 장애인을 어떤 태도로 대하는지 이야기해 봅시다.

꿈은 이루어진대!

* 다음 글을 읽고, 물음에 답하시오.

　어떤 때는 짧게 끊어지는 선만 세로로 많이 그려서 수많은 나무를 만들기도 하고, 어떤 때는 분필로 마구 앞을 북북 죄다 칠하기도 했다. 그랬더니 그 북북 칠한 부분은 그대로 파란 하늘이 되었다.

　아주 쪼끄마한 타원형을 그리니까 그것은 파란 달걀이 되고, 더 작은 동그라미를 점 찍듯이 찍어 나가니까 그것이 꽃씨가 되었다. 파란 꽃씨에서 싹이 튼 파란 꽃나무에 커다란 파란 꽃이 피었다.

　그때부터 나는 그 고약한 꿈을 무서워하지 않게 되었다. 이 이야기는 어른이 된 내가 어째서 화가가 되었는가 하는 설명이 되기도 한다.

　의사가 되려는 사람도 마찬가지다. 만약에 그런 나쁜 꿈을 꾸게 되거든, 분필로 약국이나 집게나 주삿바늘 같은 것을 그리면 될 게 아닌가!

　분필이 없으면 크레파스도 좋고, 그것조차 없으면 그냥 잠들기 전에 분필이나 크레파스를 손에 쥐고 있다고 생각하기만 하면 된다. 또, 꿈을 여러 가지 빛깔로 칠하고 싶으면, 크레파스갑이 통째 이불 속에 들어 있다고 생각하면 될 것이다. 물론, 그런 무섭고 나쁜 꿈은 절대 꾸지 않는 것이 제일 좋은 일이기는 하지만.

1 글쓴이는 '꿈'에 대해 어떻게 생각합니까?

---

2 나는 앞으로 어떤 일을 하는 사람이 되고 싶은지 쓰고, 그 일이 다른 사람에게 어떤 영향을 끼치는지 생각해 봅시다.

모두 소중한 사람이야!

01 노인이 무슨 죄?

* 다음 만화를 보고, 물음에 답하시오.

1 노인은 어떤 존재인지 생각해 보고, 그렇게 생각하는 이유를 써 봅시다.

2 오늘날에도 자식들에게 버려지는 노인들이 있습니다. 이러한 현상에 대해 어떻게 생각하는지 써 봅시다.

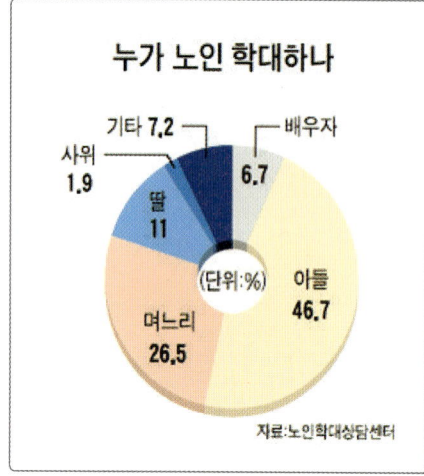

노인복지법 개정안이 국회에서 통과된 것을 계기로 노인 학대 신고가 급증하고 있다. 노인복지법 개정안은 노인 학대에 관해 '노인에 대해 신체적, 정신적, 성적 폭력 및 경제적 착취 또는 가혹 행위를 하거나 노인을 방치해 두는 것'이라고 규정했다.

민간 기관인 노인 학대 상담 센터에 따르면 올해 초부터 6월까지 전국 11개 지부에 접수된 노인 학대 피해자는 675명에 달했다. 1년 전에 비하면 36%나 늘어난 것이다. 특히 가해 행위의 46% 이상이 아들에 의한 것으로 나타났다. 며느리에 의한 학대도 26%에 달했다.

한국 노인의 전화 김은주 소장은 "맞더라도 아들과 함께 살려는 어르신들이 대부분"이라며 가해자로부터 격리해 보호 시설로 옮겨 드리는 것도 이들에겐 최선책이 될 수 없다며 안타까워했다. 그러나 이제 노인 학대를 하다가 적발될 경우 최고 7년의 징역형을 받는다. 노인 학대 행위를 알게 된 의료인이나 노인 복지 시설 종사자도 즉시 경찰 등에 신고해야 한다.

3 노인들이 자식들에게 학대를 당하면서도 자식들과 함께 살려는 이유는 무엇이겠습니까?

4 노인을 학대하는 사람들에게 충고하는 말을 써 봅시다.

02 장애인도 동등한 권리를

* 다음 글을 읽고, 물음에 답하시오.

제12회 아테네 장애인 올림픽에서 첫 금메달을 획득한 허명숙 선수의 삶은 우리 사회의 '복지' 현실을 생생하게 증명한다. 생활 보호 대상자 보조금 40만 원으로 생계를 꾸려온 허씨가 은메달에 이어 금메달까지 땄지만 일반인의 예상과 달리 큰 혜택을 누리지 못한다. 매달 연금이 나오게 되면 그 액수만큼 생활 보호 대상자 보조금이 제외되기 때문이다. 게다가 연금을 받으면 영구 임대 아파트 입주 자격이 없어지며, 생활 보호 대상자에서 제외될 경우엔 의료 혜택도 사라진다.

이번 올림픽에서 일반 선수단은 전용 비행기로 아테네에 직접 도착했지만 장애인 선수단은 여객기로 런던을 거쳐 갔다. 선수단의 절반이 휠체어를 타고 있어 옮겨 타는 데만 5시간이 넘게 걸렸다. 또한 선수들은 훈련 지원이나 시설 사용에서도 차별을 받는다. 또한 가까스로 얻은 직장에서 올림픽 출전을 달갑게 여기지 않아 '일터'와 '체육' 가운데 어느 한쪽을 선택해야만 한다. 이는 일반 선수들과 견주어 볼 때 너무나 큰 차별이다.

제28회 아테네 올림픽에서 메달을 딴 선수들은 개인마다 차이가 있지만 일부 선수는 최고 2억 원 이상의 포상금을 받을 수도 있다고 한다. 국민체육진흥공단은 25억 원의 올림픽 격려금 예산을 특별히 마련했다고 밝혔다. 대한올림픽위원회를 통해 전달될 이 격려금은 개인 종목은 금메달 1500만 원, 은메달 800만 원, 동메달 500만 원이고 단체 종목은 개인별로 1000만 원, 은메달은 600만 원, 동메달은 400만 원이다.

올림픽 및 세계 선수권대회, 아시안게임 등 각종 국제 대회의 경기 결과에 따라 매겨진 점수에 따라 연금을 지급받는다. 올림픽의 경우 금메달리스트는 100만 원, 은메달리스트는 45만 원, 동메달리스트는 30만 원의 연금이 향후 50년 동안 지급된다. 선수들이 연금 대신 일시금을 원하면 금메달리스트는 6720만 원, 은메달리스트는 3360만 원, 동메달리스트는 2240만 원을 받을 수 있다.

1 메달을 획득한 일반인 선수와 장애인 선수는 어떤 차이가 있습니까?

2 장애인을 위한 시설에는 어떤 것들이 있으며 그것들이 잘 운영되고 있는지, 또 그런 시설을 봤을 때, 나는 어떤 생각이 들었는지 써 봅시다.

3 다음 포스터를 보고, 장애인을 어떤 태도로 대해야 할지 써 봅시다.

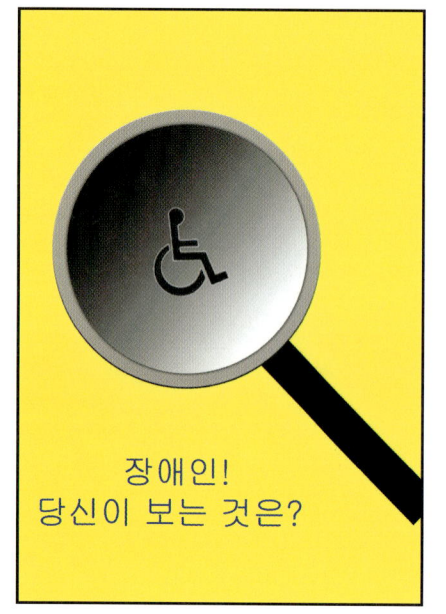

장애인! 당신이 보는 것은?

03 모두 똑같은 사람이야!

* 다음 글을 읽고, 물음에 답하시오.

방글라데시의 유명 대학을 졸업한 A씨는 어려운 가정 형편에 조금이나마 도움이 되고자 한국의 한 공장에서 일을 하고 있다.

A씨가 김포의 한 공장으로 일자리를 옮겼을 때의 일이다. 기숙사 방안 가득 여러 나라의 말로 낙서가 되어 있었다. A씨는 대수롭지 않게 생각하고 열심히 새 직장에서 일했다. 그러나 두 달이 지나도 월급이 제대로 나오지 않았다. 사장은 회사 사정이 좋지 않다고 기다리라고 말할 뿐이었다.

그러던 중 같은 기숙사 방으로 몽골 사람들이 새로 들어왔다. 방에 써놓은 낙서를 본 그들은 "이 회사 사장은 사람들에게 일만 시키고 돈을 주지 않는 사람이다. 이 글을 보는 즉시 도망가라."는 뜻이라며, 그 날 밤에 도망쳤다. 하지만 A씨는 석 달 치의 밀린 월급도 있었고, 여권까지 사장에게 맡겨 놓은 상태여서 이러지도 저러지도 못하는 상황에 처하게 되었다. 고민 끝에 A씨는 다시 사장에게 월급을 달라고 사정을 해 보았다. 그러자 사장은 "자꾸 월급을 달라고 보채면 경찰서에 가서 불법 체류자로 신고하겠다."며 엄포를 놓았다.

결국 돈도 벌지 못하고 추방당하느니 새로 다른 곳에서 돈을 버는 것이 낫다고 생각한 A씨는 그 날 밤, 몰래 짐을 싸 기숙사에서 도망쳤다.

1 우리나라 사람들이 외국인 노동자의 인권과 권리를 무시하는 까닭이 무엇이라고 생각합니까?

2 우리나라 노동자들이 외국에 가서 위와 같은 일을 당한다면 어떤 마음이 들겠습니까?

차별 없는 세상을 위해

※ 사회에서 소외당하는 사람들의 예를 들고, 그들의 인권을 보호해야 하는 까닭과 해결 방안을 제시해 봅시다.

(500자 내외)

300

400

500

| 첨삭지도 | |

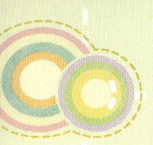

살색? 연주황? 살구색?

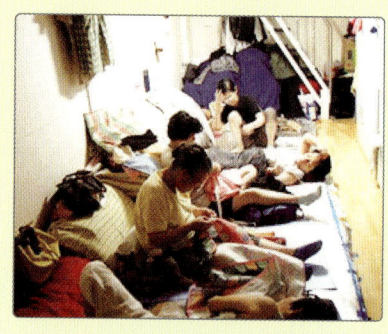

 외국인 노동자들이 우리나라에서 심한 차별을 받는 근본적인 이유가 무엇이냐는 질문에 외국인 노동자의 집 소장 김해성 목사는 "기본적으로 한국 사람들이 가지고 있는 피부색에 대한 편견이 가장 큰 이유"라고 지적한다. 피부색이 우리보다 상대적으로 검은 방글라데시나 인도 노동자들은 폭행을 당하고 험한 일도 많이 당하지만, 얼굴색이 흰 노동자들은 폭행을 당하는 일이 거의 없다는 것이다. 간단히 말해 한국 사람들에게는 한국인보다 검은 피부를 가진 사람을 업신여기는 경향이 만연해 있다는 것이다.

 이와 같은 '피부색 편견'을 없애기 위한 활발한 움직임이 작은 곳에서부터 출발하고 있다. 김해성 목사는 국가 인권 위원회에 "살색이라는 표현은 인종에 따라 기준이 다른데도 한국에서 사용되는 물감과 크레파스의 색이 한 가지 색으로 동일하여 어린이들에게 다양한 피부색을 가진 인종들에 대해 거부감과 제한된 차별 의식을 심어 준다."며 국가 인권 위원회에 진정을 제출했다.

 그것이 받아들여져 "살색"이라는 명칭 대신 "연주황"이라는 이름으로 바뀌게 되었다. 하지만 그 후 "크레파스를 사용하는 어린이들이 연주황이라는 한자어를 잘 알지 못하므로 이것 또한 어린이들에 대한 인권 침해"라며 한글말로 색깔의 명칭을 시정해 줄 것을 요구하는 진정서를 제출했다.

 언뜻 보면 사소한 문제지만 자라나는 어린이들이 피부색에 대한 차별 의식 없이 성장하기 위한, 더 나아가서는 우리 모두의 인식의 변화를 위한 출발이라는 점에서 의미 있는 노력이 아닐 수 없다.

신통방통 서술형 논술형

국어 술술 사회 술술 과학 술술

신통방통!

04 마음의 울림

* 다음 글을 읽고, 물음에 답하시오.

재훈이네 식구는 아버지와 어머니, 그리고 초등학교에 다니는 재훈이까지 모두 세 명이다. 산골에서 농사를 지으며 살던 재훈이네는 어느 날 갑자기 도시로 이사를 오게 되었다. 미처 집을 구하지 못하였던 재훈이네 가족은 학교 근처에 집을 구하려고 하루 종일 돌아다녔다.

해가 질 무렵에야 겨우 복덕방에서 알려 준 집을 찾아간 재훈이 아버지가 조심스럽게 대문을 두드렸다.

"계십니까? 복덕방 소개로 왔습니다. 집을 구하려고요."

집주인 아저씨는 재훈이네 식구를 보자 잠시 동안 쳐다보고 이렇게 말하였다.

"대단히 죄송합니다만, 꼬마 아이가 있는 가족에게는 집을 빌려 드릴 수가 없네요."

집주인 아저씨는 대문을 닫고 들어가 버렸다.

재훈이네 부모님은 크게 실망한 채 무거운 발걸음을 옮겼다.

그때, 가만히 서 있던 재훈이가 갑자기 대문을 쾅쾅 두드렸다.

"왜 그러니, 꼬마야?"

집주인 아저씨가 묻자 재훈이가 말하였다.

"아저씨, 이 집을 저에게 빌려 주세요. 제게는 꼬마 아이가 없고 아빠와 엄마만 있어요."

재훈이의 이야기를 듣고 집주인 아저씨는 그만 너털웃음을 터뜨리며 고개를 끄덕였다.

1 집주인 아저씨가 재훈이의 이야기를 듣고 너털웃음을 터뜨린 까닭은 무엇인지 30자 내외로 쓰시오.

---

2 위 글과 같이 웃음을 주는 글의 효과를 세 가지 이상 쓰시오.

* 다음 글을 읽고, 물음에 답하시오.

　그러던 어느 날이었어요. 부자 영감은 귀한 손님들을 자기 집으로 청하여 하루를 즐기기로 하였어요. 이리하여 부자 영감네 집에 많은 손님이 찾아와서 좋은 음식을 먹으며 이야기를 하고 있었어요.

　그럴 때 총각이 자기 친구들을 데리고 부자 영감네 집으로 들어왔어요. 원래 농사짓는 총각들이니 옷이 깨끗할 리 없지요. 어떤 총각은 들어오자마자 아랫목에 버릇없이 벌렁 드러눕는가 하면, 어떤 총각은 흙 묻은 옷을 음식상 옆에서 툭툭 털기도 하였어요. 그때는 마침 나무 그늘이 부자 영감네 집 안으로 옮아 와 있는 때라 총각은 그곳에서 쉬려고 하였지요.

　이 어처구니없는 광경을 바라보고 있던 손님들이 총각에게 그 까닭을 물어보았어요. 그러자 총각은 처음부터 지금까지의 이야기를 빠짐없이 들려주었어요.

　총각의 이야기를 들은 손님들은 부자 영감을 나무랐어요.

　"예끼, 이 사람. 사람이 어디 그럴 수가 있나? 아, 인심을 베풀어야지, 나무 그늘까지 다 팔다니? 여보게들, 우리 다 물러가세. 이 사람과 함께 있다가는 우리마저 못되게 물들겠네. 자, 어서 일어나세. 그리고 앞으로는 사이를 끊고 만나지도 마세."

　귀한 손님들은 모두 그 집을 떠나가 버렸어요. 이리하여 부자 영감은 망신을 톡톡히 당하고 친구까지 모두 잃게 되었어요. 후회를 해도 다시는 돌이킬 수 없는 커다란 잘못이었어요.

　마침내 부자 영감네 식구들은 살 수가 없어 집을 버리고 멀리 가 버렸어요. 그 뒤에 총각은 느티나무를 마을의 공동 소유로 만들어 누구든지 더울 때는 와서 쉬도록 하였어요.

3 부자 영감네 식구들이 집을 버리고 멀리 가 버린 까닭은 무엇인지 100자 내외로 쓰시오.

4 총각의 착한 마음이 드러난 부분을 찾아 쓰시오.

05 언어의 세계

* 다음은 영수가 누리사랑방에 올린 글이다. 잘 읽고 물음에 답하시오.

> 오랜만에 할아버지 댁에 가서 맛있는 식사를 하였습니다. 인자하신 할아버지, 손자들의 반찬을 챙겨 주시는 할머니, 어떤 자리에서든 분위기를 좋게 만드시는 아버지, 늘 밝은 표정의 어머니, 어떤 음식이든지 맛있게 먹는 동생, 언제나 즐거운 나, 이렇게 여섯 식구가 모였습니다.
>
> 화목한 우리 가족! 할아버지, 할머니, 항상 건강하세요.
>
> [강현] 맛있겠다. 그런데 ㉠네 동생이 너무 많이 드시면 안 되는데……. 과식은 건강에 해롭대.
>
> [민지] 영수야, 정말 보기 좋구나. 우리 가족도 ㉡내일 나들이를 갔어.
>
> [진희] 즐거워 보인다. ㉢아마 가족이 모두 서로를 위하기 때문이야. 우리 가족도 너희 집만큼 행복해.

1 ㉠~㉢을 바르게 고쳐 쓰시오.

㉠ ➡ _____

㉡ ➡ _____

㉢ ➡ _____

* 다음 글을 읽고, 물음에 답하시오.

> 그렇다면 과연 세종대왕상은 어떤 상인가? 세종대왕상은 대한민국 정부의 지원으로, 국제연합에 속하여 있는 단체인 유네스코에서 수여하는 상으로, 정식 이름은 '세종대왕문해상'이다. 1989년 6월에 한글 창제에 담긴 세종 대왕의 숭고한 정신을 기리며, 전 세계에서 문해 증진을 위하여 헌신하는 개인, 단체, 기관 등의 노력을 격려하고, 그 정신을 높이기 위하여 제정하였다. 이 상의 이름에 '세종 대왕'이라는 이름을 붙인 까닭은 세종 대왕이 만든 한글이 그만큼 배우기 쉬워 문맹자를 없애는 글이라는 사실을 세계가 인정하였기 때문이다.

2 '세종대왕문해상'을 제정한 까닭은 무엇인지 쓰시오.

_____

* 다음 글을 읽고, 물음에 답하시오.

(가) 이러한 훈민정음을 창제한 세종 대왕의 큰 뜻은 훈민정음을 만들어 반포하면서 지은 서문에 잘 나타나 있다. 세종 대왕이 훈민정음을 창제한 까닭은 글을 몰라 어려움을 겪는 백성이 자신의 생각을 배우기 쉬운 문자로 표현하고 사람들과 서로 소통하는 데 불편함이 없도록 하기 위한 것이었음을 알 수 있다.

(나) 당시의 유학자 최만리는 세종 대왕의 훈민정음 창제에 대하여 강하게 맞서 반대하는 상소를 올렸다. 새로운 글자를 만들면 한자로 된 중국의 학문과 멀어지게 되어 우리의 학문과 문화의 수준이 떨어지게 된다는 걱정 때문이었다. 하지만, 그 어떤 반대도 백성을 위하여 문자를 만들어 주고자 하였던 세종 대왕의 큰 뜻을 꺾을 수는 없었다.

(다) 세종 대왕이 훈민정음을 창제함으로써 백성은 자신의 생각을 글로 잘 나타낼 수 있게 되었다. 억울한 일을 당하지 않고 세상을 살아가는 힘도 기를 수 있었다. 특히, 훈민정음이 창제됨으로써 한자를 아는 양반들만 누려 왔던 문화를 일반 백성도 누릴 수 있게 되었다.

3 세종 대왕이 훈민정음을 창제한 까닭이 무엇인지 쓰시오.

4 최만리가 훈민정음 창제에 반대하는 상소를 올린 까닭은 무엇인지 쓰시오.

5 훈민정음을 창제함으로써 일반 백성들이 누리게 된 혜택이 무엇인지 세 가지 이상 쓰시오.

06 생각과 논리

* 다음 글을 읽고, 물음에 답하시오.

(가) 우리나라뿐만 아니라 세계 곳곳에서 이루어진 자연 개발은 우리의 삶을 풍요롭게 해 주었다. 그러나 무분별한 개발로 우리 삶의 터전인 자연은 몸살을 앓게 되었고 이제 인류의 생존까지 위협할 지경에 이르렀다. 이제라도 자연의 목소리에 귀를 기울이고 자연을 보호하여야 한다.

(나) 첫째, 자연은 한 번 파괴되면 복원하기가 어렵다. 한 그루의 어린 나무가 아름드리 나무로 성장하는 데 약 30년에서 50년이 걸린다고 한다. 우유 한 컵(150밀리리터)으로 오염된 물을 물고기가 살 수 있는 깨끗한 물로 만들려면 약 2만 배의 물이 필요하다. 이처럼 환경을 오염시키는 것은 순식간이지만 오염된 환경을 되살리는 데는 수십, 수백 배의 시간과 노력이 든다.

(다) 둘째, 자연 개발로 인한 피해는 결국 우리에게 되돌아온다. 생물은 서로 유기적인 생태계로 얽혀 있으며 주변 환경과 영향을 주고받으면서 살아간다. 자연 개발로 생태계를 파괴하면 결국 사람의 생활 환경을 악화시키는 결과를 초래한다.

(라) 셋째, 자연은 우리 후손이 살아갈 삶의 터전이다. 당장의 편리와 이익만을 추구하다 보면 우리 후손에게 훼손된 자연을 물려주게 된다. 환경을 고려하지 않은 개발로 물, 공기, 토양, 해양 등의 자연환경이 돌이키기 힘들 정도로 훼손되면 우리 후손은 그 훼손된 자연 속에서 살아가야 한다.

(마) 자연은 어머니의 따뜻한 품이자 우리의 영원한 안식처이다. 더 이상 무분별한 개발로 금수강산을 훼손해서는 안 된다. 자연 개발로 사라져 가는 동식물을 다시 이 땅으로 돌아오게 하여 더불어 살아가도록 해야 한다. 지나친 개발로 인한 지구 온난화와 이상 기후 현상이 더 이상 심해지지 않도록 노력하는 일도 우리 모두에게 남겨진 과제이다. 이제라도 자연 보전과 자연 보호의 참뜻을 깨닫고 실천하여야겠다.

1 글쓴이의 주장이 무엇인지 20자 내외로 쓰시오.

_____

2 글쓴이의 주장에 대한 근거 세 가지를 쓰시오.

① : _____

② : _____

③ : _____

✽ 다음 글을 읽고, 물음에 답하시오.

(가) 인류는 역사상 유례없는 발전을 해 왔다. 빠르고 편리하며 풍요롭고 윤택한 생활 모습은 자연을 잘 개발하여 얻은 수확이라고 할 수 있다. 자연을 더 효과적이고 계획적으로 개발하는 것은 인류가 새로운 꿈의 날개를 펼 수 있도록 해 준다. 이제 자연 개발은 선택이 아닌 필수이다. 자연을 개발하여야 하는 까닭은 무엇일까?

(나) 첫째, ㉠자연재해를 막기 위하여 자연 개발이 필요하다. 우리나라는 여름이면 태풍과 홍수로 큰 피해를 당하고, 겨울과 봄이면 가뭄의 피해를 막을 수 있다. 그렇지만 미리 계획을 세워 대비를 하면 이러한 자연재해를 막을 수 있다. 대표적 예로 댐 건설을 들 수 있다. 지난 1995년과 1997년 홍수 때 소양강 댐과 대청 댐 등이 있어 물을 가두어 두었기 때문에 수도권이나 중부권이 물난리를 피할 수 있었다.

(다) 둘째, 자연 개발로 편리한 삶을 누릴 수 있다. 과학자나 전문가들은 자연을 유용하게 활용하여 경제를 성장시키고, 건강과 안전을 보장할 장치들을 개발하였다. 그 결과, 인류는 편리하고 안락한 생활을 즐기고 있다.

(라) 셋째, 인구 증가에 대비할 수 있도록 국토를 계획적으로 개발하여 효율적으로 활용하여야 한다. 세계의 인구는 매우 빠른 속도록 증가하고 있다. 특히, 우리나라는 세계적으로 인구 밀도가 높은 나라이다. 이렇게 많은 인구가 좁은 땅에서 살아가려면 더 많은 땅이 필요하다. 그러므로 간척지를 늘려 국토를 넓혀야 한다.

(마) ㉡우리는 가끔 자연을 개발한다고 하면 자연을 파괴한다고 비난한다. 그러나 사람은 자연을 개발하여 찬란한 문명의 꽃을 피워 왔지 결코 인류가 살아갈 지구를 파괴하지는 않았다. 사람은 인류의 미래를 지금보다 더 낫게 만들려는 선한 의지를 가지고 있기 때문에 지구를 온전하게 지키면서 개발하려고 노력한다. 자연을 보호 대상으로 그대로 놓아두기보다는 인류의 발전에 유용하게 개발하여 쓰는 것이 더 중요하다.

3 글쓴이의 주장은 무엇인지 20자 내외로 쓰시오.

---

4 ㉠의 근거로 제시한 예는 무엇인지 쓰시오.

---

5 ㉡의 견해에 대해 글쓴이가 반대하는 근거로 제시한 것은 무엇인지 쓰시오.

07 즐거운 문학

* 다음 시를 읽고, 물음에 답하시오.

하얀 눈과 마을과

박두진

눈이 덮인 마을에
밤이 내리면
눈이 덮인 마을은
하얀 꿈을 꾼다.

눈이 덮인 마을에
등불이 하나
누가 혼자 자지 않고
편지를 쓰나?
㉠<u>새벽까지 남아서
반짝거린다.</u>

눈이 덮인 마을에
하얀 꿈 위에
쏟아질 듯 새파란
별이 빛난다.
눈이 덮인 마을에
별이 박힌다.

눈이 덮인 마을에
동이 터 오면
한 개 한 개 별이 간다.
등불도 간다.

1 위 시에서 각 연마다 반복되어 노래하는 듯한 느낌을 주는 시구를 찾아 쓰시오.

2 위 시를 읽고 좋았던 점을 한 가지 이상 쓰시오.

3 ㉠은 무엇을 가리키는지 쓰시오.

✽ 다음 글을 읽고, 물음에 답하시오.

(가) "응, 알겠다. 샘이 나서 그러지? 우리 소가 먼저 송아지를 낳아 놓으니까 그렇지 뭐."

"누가 샘이 나서 그런대? 울타리 구멍으로 엿보지 말란 말이야. 사립문 있잖아."

"좋아, 구만이 너도 이제는 이 구멍으로 안 다니지?"

엄지도 화가 나서 소리쳤습니다.

"좋아, 난 오늘부터 절대로 안 다닐 테야."

하고 소리치며 구만이는 재빨리 마른 나뭇단으로 그곳을 막아 버렸습니다.

아버지께 야단맞아 가면서 엄지와 둘이서 뚫어 놓은 조그만 울타리 구멍. 늘 다람쥐처럼 들락날락하던 그 울타리 구멍을 막아 버리며 구만이는 정말 엄지와는 아무 말도 하지 않겠다고 마음먹었습니다.

(나) "구만아, 우리 송아지 못 봤니?"

하다 말고,

"어? 네 집에 갔구나?"

하며 엄지는 울타리 구멍으로 고개만 내밀고 멀뚱멀뚱해 있었습니다. 선뜻 구만네 집으로 들어오기가 어쩐지 쑥스러운 것입니다.

"그래, 우리 집에 와 있어. 빨리 와 봐."

구만이가 웃으며 소리치자, 엄지도 마주 웃으며 달려왔습니다.

하지만, 엄지도 자기네 송아지를 모르겠답니다.

"난 암만 봐도 모르겠는데."

구만이가 고개를 갸웃거렸습니다.

"정말 나도 모르겠어. 똑같구나. 꼭 쌍둥이 같아."

엄지도 고개만 갸웃거렸습니다.

마침내 엄지네 송아지를 찾아낸 것은 해 질 무렵이 되어서였습니다. 들일을 마친 엄지네 엄마 소가 마당으로 들어서며 '음매' 하고 우렁차게 운 순간입니다. 그때까지 구만네 마당에서 뛰어놀고 있던 송아지 한 마리가 느닷없이 울타리 구멍으로 빠져나간 것입니다.

그런 일이 있고부터 울타리 구멍은 다시 막히지 않았습니다.

4 (가)에서, 구만이가 엄지에게 화가 나서 한 일은 무엇인지 20자 내외로 쓰시오.

_____

5 구만이와 엄지가 화해를 하고 사이좋게 지내게 되었음을 나타내는 부분을 (나)에서 찾아 쓰시오.

_____

03 정보화, 세계화 그리고 우리

❶ 우리가 만들어 가는 정보 사회

* 다음 글을 읽고, 물음에 답하시오.

> 유전 공학은 우리의 건강과 행복한 생활을 위해 우리 생활에 활용되어야 합니다. 우리 주위에는 불치병을 앓고 있는 사람들이 많습니다. 만일 유전 공학을 적절하게 활용한다면 그런 사람들에게 많은 도움이 될 것입니다.
>
> 유전 정보를 정확하게 알아 더 나은 치료제를 개발하고 세포 복제 기술의 발달로 상처를 깨끗이 치료할 수도 있을 것입니다.

1 위 글은 유전 공학의 활용에 대한 찬반 토론 중 찬성과 반대 어느 쪽의 주장인지 쓰시오.

2 위 글에서 주장의 근거로 제시하고 있는 것은 무엇인지 쓰시오.

3 위 글의 주장에 대해 반대하는 글을 쓰되 근거를 하나 들어 쓰시오.

❷ 세계화와 우리 생활

4 다음의 '쟁점 중심 학습의 과정' 중 빈칸에 들어갈 과정을 쓰시오.

쟁점 사례 이해 ➡ 문제 규명 ➡ [　　　　　] ➡ 입장의 재정립 및 수정 ➡ 대안 찾기 및 결론 내리기

---

5 다음 그래프를 통해 알 수 있는 것을 쓰시오.

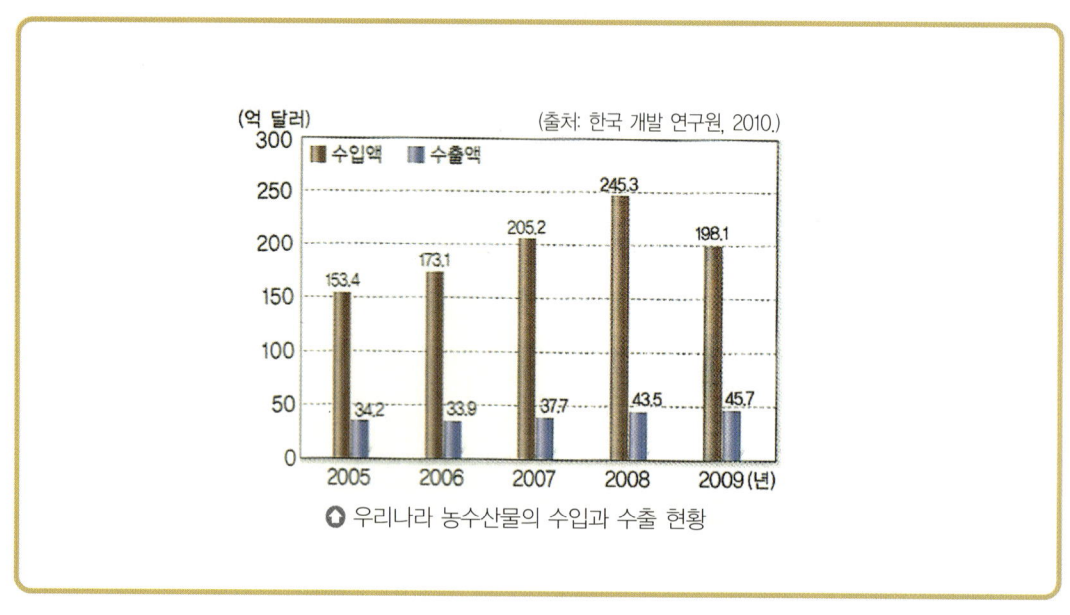

○ 우리나라 농수산물의 수입과 수출 현황

6 다음 글을 읽고, 농수산물 시장이 개방될 경우 소비자와 생산자들에게 유리한 점을 정리해서 쓰시오.

> 자국의 농수산물 시장이 완전히 개방될 경우 소비자들은 값싸고 다양한 농수산물을 구입할 수 있고, 생산자들은 경쟁력 있는 질 좋은 생산물을 생산하기 위해 노력하게 된다. 그러나 값싼 외국산 농수산물의 수입으로 상대적으로 자국의 농수산물 생산자들은 손해를 보게 되고, 생산량은 감소하게 된다.

(1) 소비자 :

(2) 생산자 :

❸ 전통과 세계의 만남

7 오랜 세월에 걸쳐 이어져 내려와 고유한 가치를 인정받은 것으로서, 중요성과 가치를 지니고 있는 것은 무엇인지 쓰시오.

8 전통문화를 계승하여 발전시키는 것이 중요한 까닭을 두 가지 쓰시오.

9 '대중교통 이용시 자리 양보하기'는 우리나라의 어떤 전통문화를 계승 발전시킨 것인지 쓰시오.

_____

❹ 통일과 인류 공동 번영의 길

10 남북한이 통일되면 어떤 점이 좋은지 쓰시오.

_____

11 지구촌의 갈등과 문제를 국제기구나 비정부 기구 등을 통해 서로 협력하여 해결하는 까닭은 무엇인지 쓰시오.

_____

_____

03 에너지와 도구

① 에너지의 종류

1 에너지의 종류를 네 가지 쓰시오.

_____

2 다음 사진들은 어떤 에너지를 나타낸 것인지 쓰시오.

(1)

_____

(2)

_____

❷ 에너지의 종류가 바뀌는 예

3 롤러코스터에서 일어나는 에너지 전환 과정을 나타내는 다음 표의 빈칸을 채워 쓰시오.

상황	에너지 전환 과정
롤러코스터가 처음에 출발하여 위로 올라갈 때	전기 에너지 → (㉠) 에너지
롤러코스터가 위에서 아래로 내려갈 때	위치 에너지 → (㉡) 에너지
롤러코스터가 아래에서 위로 올라갈 때	운동 에너지 → 위치 에너지

㉠: _____

㉡: _____

4 다음의 생활 용품에서 일어나는 에너지 전환 과정을 쓰시오.

(1) 전기 난로: _____ ➡ _____

(2) 형광등: _____ ➡ _____

❸ 에너지를 절약하는 방법

5 에너지를 절약해야 하는 까닭을 쓰시오.

_____

_____

6 에너지가 없다면 우리 생활은 어떻게 변할지 쓰시오.

_____

_____

7 다음과 같이 에너지가 낭비되는 상황에서 에너지를 절약할 수 있는 방법을 쓰시오.

(1) 혼자서 이동할 때 자동차를 이용하는 경우 : _____

_____

(2) 쓰지 않는 전기 기기의 플러그를 꽂아두는 경우 : _____

_____

(3) 2층에 올라갈 때 엘리베이터를 이용하는 경우 : _____

_____

4 지렛대를 이용하면 이로운 점

8 지렛대를 이용하면 어떤 점이 이로운지 쓰시오.

_____

9 다음 빈칸에 알맞은 말을 넣으시오.

> 지레에서 우리가 직접 힘을 주는 곳은 (㉠), 지레를 받치는 곳을 (㉡), 물체에 힘이 작용하는 곳을 (㉢)이라고 합니다.

㉠ : _____

㉡ : _____

㉢ : _____

10 지레의 원리를 이용한 도구를 두 가지 이상 쓰시오.

_____

MEMO

책 속의 책

GUIDE &
가능한 답변들

바깔로레아 초등교과논술 6학년 4호

※ 들어가기 전에 – 이 책은 다양한 개성적인 반응과 답변을 유도하는 데 목적이 있으므로, 단 하나의 유일한 정답이 없는 문항들도 많습니다. 그러므로 〈정답의 방향〉을 가늠하는 참고 자료로 활용해 주시기 바랍니다.

week 01
발상사고혁명
가상 세계를 두드리다
05 쪽

통합적 사고를 하자
01 손가락에 가시 돋을까?

1 한 남자가 잠자리에 누워서 모니터를 뉘어놓고 인터넷을 하고 있고, 개가 컴퓨터를 하고 있는 모습이다. 모두들 인터넷에 중독된 모습인 것 같다. 인터넷 중독에 대한 경각심을 갖게 한다.
G·U·I·D·E 인터넷을 사용하는 평소 자신의 모습을 되돌아보게 합니다. 친구들과 인터넷 사용 습관을 비교하고 장점과 단점에 대해 이야기해 봅니다.

2 • 집에 컴퓨터가 어디에 있는가?
 – 내 방 / 부모님 방 / 거실
 • 컴퓨터를 언제부터 사용했는가?
 – 초등학교 때부터 / 7살 때부터 / 5살 미만부터
 • 컴퓨터를 사용하는 목적이 무엇인가?
 – 인터넷 검색 / 게임 / 채팅 / 신문 / 커뮤니티 활동 / 카페 활동
 • 일주일 평균 인터넷 이용 시간은?
 – 1~2시간 / 3~4시간 / 5~6시간 / 7~8시간 / 8~9시간 / 10시간 이상
 • 일주일 평균 게임 이용 시간은?
 – 1~2시간 / 3~4시간 / 5~6시간 / 7~8시간 / 8~9시간 / 10시간 이상
 • 주로 즐기는 게임 종류는 무엇인가?
 – 머드 게임(리니지, 바람의 나라, 스타크래프트), 캐릭터 중심 게임(조이 시티, 심즈, 트릭스터, 쿠키샵, 코코룩), 학습(퀴즈퀴즈) 등
 • 일주일 평균 채팅 시간은?
 – 1~2시간 / 3~4시간 / 5~6시간 / 7~8시간 / 8~9시간 / 10시간 이상
 • 컴퓨터에서 평소 만나는 친구는 몇 명인가?
 – 1~2명 / 3~4명 / 5~6명 / 7~8명 / 8~9명 / 10명 이상
 • 일상생활에서 만나는 친구는 몇 명인가?
 – 1~2명 / 3~4명 / 5~6명 / 7~8명 / 8~9명 / 10명 이상

3 인터넷 중독이 아니다. / 인터넷 중독의 가능성이 있다. / 인터넷 중독이다.
G·U·I·D·E 프로게이머나 컴퓨터 관련 일을 하는 사람들의 직업병이나 스트레스 등에 대한 이야기를 들려 줍니다. 인터넷 게임에 빠져서 일어났던 일들에 대해 이야기해 봅니다.

4 자신의 취향에 맞는 환경에서 인터넷을 즐겁게 사용한다. / 시간을 정해 놓고 인터넷을 한다. / 컴퓨터를 켜고 끄는 시간을 일정하게 한다. / 인터넷은 언제든지 사용 가능하다는 생각으로 집착을 버린다. / 다양한 취미 활동을 갖는다.

02 사이버 분신

1 친구들이 아바타를 갖고 있기 때문에 / 가상 세계에서 또 다른 나를 만들 수 있기 때문에 / 아바타를 꾸미는 일이 재밌기 때문에

2

	아바타	실제 친구
생김새의 특징	눈이 크고 웃고 있으며 연두색 신발을 신고 드레스를 입고 있다.	눈이 작고 피부가 까맣다.
액세서리 사용	연두색 머리핀, 오렌지 주스가 놓인 쟁반, 천사	목걸이, 반지, 시계

G·U·I·D·E 친구의 실제 모습과 아바타를 비교해 보면서 차이점을 찾아 봅니다. 친구와 자신의 아바타를 비교하며 이야기해 봅니다.

3 • 장점 : 가상 세계에서 나를 대신 표현할 수 있다. / 아바타를 통해 나의 단점을 바꿀 수 있다. / 내가 원하는 이미지로 나를 바꿀 수 있다.
• 단점 : 돈이 많이 든다. / 아바타를 업그레이드 하지 않으면 친구들에게 무시당한다.

03 만두, 진실을 터뜨리다

1 돈 때문에 양심을 버린 사람들을 구속하여 자신들이 만든 쓰레기 만두를 평생 먹게 한다. / 다시는 만두를 먹고 싶지 않다. / 만두 회사는 반성하고 그 동안 번 돈을 사회에 환원해야 한다.

2 다양하고 유용한 정보를 쉽게 얻을 수 있다. / 특정 사건에 대해 짧은 시간에 신속하게 알 수 있다. / 많은 사람들과 정보를 공유하기 쉽다.
G·U·I·D·E 인터넷의 잘못된 정보로 피해를 입는 경우에 대해서도 생각해 봅니다.

3 취영루는 불량 무말랭이를 만두소로 쓰지 않았다는 내용으로 바뀌었다.
G·U·I·D·E 잘못된 인터넷 정보로 인해 연예인들이 피해를 보거나 억울한 일이 생긴 경우를 찾아봅니다.

4 회사에 대한 나쁜 이미지가 생겨서 억울하고 안타까웠을 것이다. / 식품 의약 안전청의 잘못된 정보에 분노했을 것이다. / 잘못된 내용을 보도한 신문이나 언론 매체에 억울함을 알렸을 것이다.

발상 사고 혁명 plus
네티켓이 필요해

1 얼굴을 모른다고 함부로 말해서 매우 화가 났다. / 다른 사람이 불쾌한 말을 하면 나도 똑같은 말을 하고 싶어진다. / 매우 불쾌했다.

2 • 채팅을 하는 경우 : 입장 또는 퇴실 후 서로에게 인사를 나눈다. / 불건전한 대화를 하지 않는다. / 바른 언어를 사용하며 상대방을 존중한다.
• 게시판 사용 : 다른 사람을 비난하거나 욕하는 글을 올리지 않는다. / 같은 글을 여러 번 올리지 않는다. / 글은 짧고 명확하게 쓴다.
• 이메일 사용 : 첨부 파일은 필요한 경우에만 보낸다. / 보내는 사람을 정확하게 밝힌다. / 욕설이나 험담이 담긴 내용을 보내지 않는다.

week 02
교과서 논술 01
마음의 울림
13쪽

내 눈으로 보는 교과서
01 축하하는 글이 필요한 경우를 알아 봐요

1 ⑤
G·U·I·D·E 축하하는 글을 읽을 때에는 관심과 흥미를 끌 재미있는 내용이 있는지 살펴보는 것보다 축하하는 까닭과 마음이 잘 나타나 있는지 살펴보아야 합니다.

2 • 축하하는 점 : 성진이가 초등학교를 졸업하는 것
• 바라는 점 : 중학생이 되어서도 좋은 친구로 지내자.

3 ④
G·U·I·D·E 살아가면서 중요한 시기나 단계에 접어들어 축하하는 글이 필요한 경우는 생일, 입학, 졸업, 결혼, 어버이날, 스승의 날 등이 있습니다.

4 대한초등학교 6학년 학생들이 축제를 잘 마쳤다.
G·U·I·D·E (가)는 학교 누리집에 실린 기사로 10월 ○○일부터 ○○일까지 대한초등학교 학교 강당에서 펼쳐진 6학년 학생들의 축제를 잘 마쳤다는 내용을 담고 있습니다.

5 ⑤
G·U·I·D·E (나)에는 축하할 일, 축하하는 까닭, 축하하는 말 등이 잘 나타나 있습니다. 또한 '앞으로 남은 6학년도 잘 마무리하기 바랍니다.' 라고 하여 글쓴이가 바라는 점도 썼으므로 ⑤는 (나)에 대한 설명으로 알맞지 않습니다.

6 연지
G·U·I·D·E (다)의 댓글에는 축하하는 말이 없으며, 걱정하는 말과 부탁하는 말만 있습니다. 따라서 이 댓글에 대해 가장 적절하게 반응한 사람은 글쓴이가 궁금해하는 내용에 대해 구체적으로 알려 주고 싶다고 한 '연지' 입니다.

7 ㉢, ㉣, ㉤
G·U·I·D·E 첫인사는 축하하는 글의 처음 부분에 들어가는 내용이고, 쓴 날짜, 끝인사, 축하하는 사람은 축하하는 글의 끝 부분에 들어가야 할 내용입니다.

02 웃음을 주는 글의 효과를 알아 봐요

1 ③
G·U·I·D·E 발음이 비슷하다는 점을 이용하여 어려운 상황을 재미있게 넘기는 이 서방의 재치를 통해 재미와 즐거움을 느낄 수 있는 글입니다.

2 (1) – ㉡, (2) – ㉢, (3) – ㉠

3 ③
G·U·I·D·E 나무 그늘이 부자 영감의

집 마당 안으로 기울어지자, 총각은 나무 그늘을 따라 부자 영감의 집 마당 안으로 들어간 것입니다.

4 나무 그늘조차 자기 것이라고 말하는 부자 영감의 마음보가 미워서 / 욕심쟁이 부자 영감을 골탕 먹이기 위해서 / 마음보가 미운 부자 영감을 혼내 주기 위해서 등

G·U·I·D·E 총각은 욕심 많은 부자 영감을 골탕 먹이고 혼내 주기 위해 나무 그늘을 사겠다고 한 것입니다.

열린교과서

1 ①

G·U·I·D·E 사람을 신분이나 생김새로 구분해서 차별하면 안 된다는 교훈을 주는 이야기로서, 상대방에게 말을 함부로 해서는 안 된다는 것을 일깨워 주는 이야기입니다.

2 ③

G·U·I·D·E 이 글은 상대방을 대하는 태도의 차이가 어떻게 다시 자기에게 돌아오는가 하는 것에 대한 재미있는 비유의 이야기로서, 자기가 먼저 남에게 잘 대해 주어야 남도 자기에게 잘 대해 준다는 의미인 '가는 말이 고와야 오는 말이 곱다'라는 속담과 관련이 있습니다.

03 이야기를 읽고 재미있는 장면을 떠올려 봐요

1 ③

G·U·I·D·E 이상재 선생의 말은 나라를 팔아먹은 이완용, 송병준이 일본으로 가면 일본도 망할 것이라고 비꼬는 말입니다.

2 ②

G·U·I·D·E 조선미술가협회(일제 강점기 말기에 조직된 미술인 단체), 이토 히로부미(일본의 정치인), 친일파(일본과 친하게 지내는 무리), 독립운동가(일제 강점기에, 우리 민족의 독립을 위하여 여러 가지 민족 운동을 전문적으로 하던 사람) 등에서 이때가 일제 강점기임을 알 수 있습니다.

3 ④

G·U·I·D·E 소새가 잉어를 잡아오지 않았으면 귀신도 모르게 잉어 배 속에서 죽었을 왕치인데, 오히려 자기가 잉어를 잡아왔다고 생색을 내는 왕치를 보고 소새와 개미는 기가 막혔습니다.

4 (1) - ㉡, (2) - ㉢, (3) - ㉠

열린교과서

1 약의 성분이 하나도 섞이지 않은 가짜 약을 먹고도 병이 낫게 되는 것으로, '이 약을 먹으면 반드시 나을 것이다'라는 확신을 가진 환자들에게 효과가 있다.

2 ③

G·U·I·D·E '말이 씨가 된다'는 속담은 늘 말하던 것이 사실대로 이루어질 때 쓰는 말입니다. 씨가 자라서 열매로 되듯 말이 나중에 실제로 현실화된다는 의미를 지니고 있기 때문입니다. 또한 이 속담은 긍정적인 현실화나 부정적인 현실화를 모두 가리킵니다.

week 03
독서 클리닉
발명품 따라잡기
23 쪽

발견하며 읽어요
01 종이, 정체를 드러내다

1 대나무 / 널빤지 / 비단 등

2 나무 껍질과 마설, 넝마를 돌절구통에 넣고 짓이겨서 물을 이용하여 만들었다. 이 방법은 오늘날의 종이 제작에도 사용되는 방법이다.

3 조선 시대 승정원에서 발행하는 '조보'라는 관보가 있었다. 그러다 1883년 최초의 근대 신문 '한성순보', 1886년 한문과 한글을 같이 사용한 '한성주보'가 발행되었다. '독립신문', '황성신문' 등은 한일 합병 후 폐간되었다. 그후 동아, 조선일보가 발간되었는데 일제의 탄압으로 폐간되었다가 다시 발간되어 오늘에 이르렀다.

4 종이 신문은 사라질 것이다. 왜냐하면 종이 신문에 정보를 담기엔 한계가 있고, 사진·그림 외에 동영상이나 움직이는 파일 등을 사용할 수가 없으며, 정보를 오래 보존할 수가 없고, 정보의 신속성이 떨어지기 때문이다. / 종이 신문은 사라지지 않을 것이다. 왜냐하면 컴퓨터와 달리 원하는 장소에서 아무 때나 볼 수 있고, 다양한 정보를 짜임새 있는 구성으로 살펴볼 수 있기 때문이다.

G·U·I·D·E 인터넷 신문과 종이 신문을 비교해 보고 장단점을 이야기해 봅니다.

02 조심! 깨질라

1 페니키아의 어느 상인이 해변가에서 소다덩어리 위에 불을 피워 식사 준비를 하다가 뜨거운 열에 소다와 모래가 섞여 녹으면서 유리가 만들어졌다.

2 유리 산업이 발전했던 로마 제국이 멸망한 후 유리공들이 베네치아로 많이 이주했기 때문에

G·U·I·D·E 베네치아의 '무라노 섬'은 세계 최고의 유리 세공업을 하는 곳입니다. 유리 공예의 기밀이 빠져 나가는 것을 막기 위해 유리공들을 외딴 섬인 무라노 섬에 모아 놓고 특수한 유리들을 제작했다고 합니다. 섬에서 탈출을 시도하는 사람들은 목숨을 잃기도 했다고 합니다.

3 • ㉠ : 저리 가! 감히 만져서도 안 돼!
 • ㉡ : 같은 유리지만 우리는 귀족, 너희는 서민이니라.

4 현미경 / 시계 / 창문 / 그릇 / 가전 제품 / 안경 등

03 이 눈이 네 눈이냐?

1 멀리 있는 것을 뚜렷하게 보이게 하는

근시용, 가까운 거리나 먼 거리의 보이지 않는 상을 뚜렷하게 교정하는 난시용, 가까이에 있는 것을 잘 보이도록 교정하는 원시용, 나이가 들어 잘 보이지 않는 것을 교정하는 노안용이 있다.

2 • 나라 : 프랑스
• 용도 : 오페라나 승마 경기를 볼 때

3 귀한 물건이다. / 어른이나 높은 사람 앞에서 쓰면 안 되는 물건이다. / 안경을 아무나 사용해서는 안 된다.
G·U·I·D·E 우리나라에 안경이 처음 들어온 것은 임진왜란 전후입니다. 중국에서 전해져 처음에는 경상북도 언양과 경주에서 생산되는 수정으로 만들어졌다고 합니다.

4 시력을 교정하고 눈을 보호하는 목적으로 사용된다. / 멋을 내기 위한 소품으로 사용되기도 한다. / 자신의 이미지 관리를 위해 시력과 상관없이 안경을 사용하기도 한다.

3 국가별 식별 코드로 우리나라 고유 번호인 880, 제조 업체 번호, 상품 식별 번호, 체크 기호의 순서로 표기

4 • 국가 코드 : 880
• 제조 회사 코드 : 1037
• 상품 코드 : 02521

week 04
교과서 논술 02
언어의 세계
33쪽

04 막대 암호, 해석 완료

1 책 / 과자 봉지 / 편의점에서 파는 각종 물건들 등

2 판매와 관련된 각종 집계를 신속하게 할 수 있다. / 상품에 대한 정보를 쉽게 알 수 있다.
G·U·I·D·E 바코드는 상품 포장지에 여러 개의 줄로 상품의 내용을 표시한 것입니다. 각종 집계를 하거나 물건에 대한 정보를 정확하게 알 수 있게 해줍니다.

내 눈으로 보는 교과서
01 적절한 호응 관계를 살펴봐요

1 ⑴ 만날 거야.
⑵ 포기할 수 없어.
⑶ 없더라도
⑷ 진지를
⑸ 된다면

2 ①
G·U·I·D·E 글쓴이가 제주도로 여행을 간 까닭은 아버지께서 결혼기념일

을 맞이하여 가족 여행을 제주도로 가자고 했기 때문입니다.

3 ②

4 (1) ㉠ 까닭 : 여러 사람 앞에서 발표하는 글은 높임말을 잘 사용하여 표현해야 한다. → 지금부터 여러분께 여러 가지 운동에 대하여 설명하겠습니다.

(2) ㉡ 까닭 : '어제'는 이미 지나간 시간이므로 '하셨습니까'라는 과거에 일어난 일을 나타내는 서술어와 호응한다. → 여러분은 어제 어떤 운동을 하셨습니까?

(3) ㉢ 까닭 : '왜냐하면'과 호응하는 말은 '때문입니다'이다. → 왜냐하면, 운동은 건강한 몸을 만들어 주기 때문입니다.

열린교과서

1 여럿이 짜고 누군가를 집단적으로 따돌리며 괴롭히는 것
G·U·I·D·E '왕따'는 '왕따돌림'의 준말로 '여럿이 짜고 누군가를 집단적으로 따돌리며 괴롭히는 것'이라 했습니다.

2 • 일본말 : 이지메
• 번역한 말 : 집단 따돌림
G·U·I·D·E 처음에는 일본의 '이지메'에 대응하는 우리말이 없었으므로 '집단 따돌림'이라는 번역투의 어색한 말이 사용되다가 '왕따'라는 은어가 유행된 후 '왕따'라는 말이 본격적으로 쓰이기 시작했습니다.

02 글쓴이의 의도나 목적을 파악하며 글을 읽어 봐요

1 ⑤
G·U·I·D·E 글쓴이는 인도네시아의 바우바우시에서 한글을 이 지역의 고유어 '찌아찌아어'를 표기할 문자로 도입하였다는 사실을 통해 한글의 우수성과 한글이 전 세계적으로 인정받고 있음을 알리기 위해 이 글을 썼습니다.

2 ⑤
G·U·I·D·E '바하사 찌아찌아 1' 교과서에는 찌아찌아족의 언어와 문화, 부톤섬의 문화와 역사, 우리의 옛이야기 '토끼전'은 실려 있지만 우리나라의 문화와 역사는 실려 있지 않습니다.

3 ②
G·U·I·D·E 미국과 중국의 경우와 비교하여 우리나라는 간결하고 배우기 쉬운 한글 덕분에 문맹률이 낮다고 하여 한글의 우수성을 강조하였습니다.

4 입 모양이나 발음 모양을 본떠 만들었다.
G·U·I·D·E 한글의 글자 모양은 입 모양이나 발음 모양을 본떠 만들었습니다.

5 세계적 권위를 가진 외국인 교수의 경험담을 인용하여 한글이 누구나 배우기 쉬운 글자임을 강조하고, 한글의 우수성을 주장한 글쓴이의 생각에 대한 설득력을 높이기 위해
G·U·I·D·E 한국인 학자가 아닌 한국학 분야의 세계적 권위를 가진 베르너 자세 교수는 한글은 하루 만에 배울 수 있고, 아이들도 취미로 배울 수 있을

만큼 쉽게 익혀 쓸 수 있는 글자라고 하였습니다.

열린교과서

1 언문, 반절
G·U·I·D·E 훈민정음은 세종이 지은 이름이지만, 언문 또는 반절은 한글의 고유한 이름은 아닙니다. 언문은 속된 글자를 이르는 것이며 반절은 한자의 소리 기호라는 뜻으로, 이것들은 한자에 대해 상대적으로 한글을 낮춰 부른 이름입니다.

2 ④
G·U·I·D·E '한글'은 '글 중에 가장 큰 글', '글 중에 오직 하나인 좋은 글', '온 겨레가 한결같이 쓰는 글', '글 중에서 가장 바른 글', '결함이 없이 원만한 글'을 뜻합니다. 그러나 '글 중에 가장 아름다운 글'은 '한글'과 관계가 없습니다.

03 한글의 우수성을 생각하며 글을 읽어 봐요

1 ⑤
G·U·I·D·E 영어의 'a'가 위치에 따라 여러 가지로 발음되는 것과 달리 한글의 모음은 소리의 변화가 없이 '아'는 언제나 [아]로만 발음됩니다. 즉, 한글은 한 글자가 한 소리로 발음되는 특성을 가졌으므로 ⑤는 한글의 특성과는 거리가 멉니다.

2 ⑴ 하늘 : •
⑵ 땅 : ㅡ
⑶ 사람 : ㅣ
G·U·I·D·E 한글 모음의 경우, 하늘, 땅, 사람을 본떠 각각 '•', 'ㅡ', 'ㅣ'의 기본 글자를 만들었습니다.

3 ⑴ 낱글자 : 스물녁 자 또는 24개
⑵ 음절 : 11,172개
G·U·I·D·E 한글은 자음 열네 개, 모음 열 개로 모두 스물녁 자의 낱글자로 이루어져 있으며, 스물녁 자로 11,172개의 음절을 적을 수 있습니다.

4 ①
G·U·I·D·E 한글은 자음과 모음의 획을 더하는 원리에 기초하여 설계하였기 때문에 기계화하여 디지털 문자로 만들고 활용하기에 적합합니다.

열린교과서

1 경제 성장으로 보유 자산이 확대되고 평균 수명이 연장되면서 재테크에 대한 인식이 높아지고 있기 때문에

2 평생 직장의 개념이 사라지면서 직업에 대한 안정성이나 규칙적인 근무 시간보다는 전문성과 성취도, 자기 발전성이 상대적으로 높기 때문에

week 05
영재 클리닉 01
세계가 하나로
43쪽

교과서 탐구
정보 사회와 세계화

1 ④
G·U·I·D·E 정보 사회는 정보와 지식을 충분히 활용하여 여러 가지 활동을 할 수 있습니다. 시행착오를 많이 겪는 것은 산업 사회의 특징입니다.

2 크래킹, 부정적인 면
G·U·I·D·E 〈보기〉에서 설명하고 있는 것은 정보 사회의 부정적인 면 중 크래킹에 관한 것입니다.

3 세계화

4 지구의 전체적인 환경 문제를 해결하기 위해 세계 각국이 공동의 노력을 기울일 수 있다.
G·U·I·D·E 오늘날 환경 문제와 같은 것은 한 국가만의 문제가 아닌 경우가 많습니다. 따라서 자국적인 입장에서 환경 문제를 해결하기 위해 세계 각국이 공동의 노력을 기울일 수 있는 것은 세계화의 긍정적인 측면입니다.

5 쟁점 사례 이해
G·U·I·D·E '쟁점 중심 학습의 과정' 중에서 쟁점이 무엇인지 이해하는 과정은 쟁점 사례 이해 단계입니다.

6 대안 찾기 및 결론 내리기
G·U·I·D·E 제시된 내용은 농수산물 시장 개방에 대한 쟁점 사례에 대해 대안을 찾아 결론을 내려 보는 과정의 내용입니다.

7 ③
G·U·I·D·E 한자는 우리 선조들이 사용한 글자이긴 하지만 중국의 글자로 우리의 전통문화는 아닙니다.

8 ③
G·U·I·D·E 삼바 축제는 우리나라가 아니라 브라질의 전통문화를 계승한 축제입니다.

Step by Step
01 열린 지구촌 시대

1 여러 나라의 소식을 신속하고 빠르게 알 수 있다. / 올림픽이나 월드컵을 동시에 볼 수 있다.

2 세계 여러 나라가 한 마을처럼 서로 잘 알고 도우며 살아가야 하는 시대라는 뜻이다.
G·U·I·D·E 세계인들이 함께 즐기는 동계·하계 올림픽, 월드컵, 장애인 올림픽 등을 보았을 때의 느낌을 떠올려 보게 합니다. 교류가 활발해지고 있는 여러 나라와의 관계에서 좋은 점도 함께 이야기합니다.

3 문화와 예술, 패션의 다양한 모습을 가진 나라 프랑스에 가고 싶다. / 중세 시대의

아름다운 건축물이 많은 이탈리아에 가고 싶다. / 고대 신화의 유적지가 있는 그리스에 가고 싶다.

4 E-mail : mere926@hanmail.net
Jane에게
Jane 잘 지내고 있니? 나 지은이야.
지난 여름 방학 밴쿠버에서 만난 지 벌써 3개월이 지났어.
한국으로 돌아와서도 다른 친구들과 네가 많이 보고 싶어.
내가 한국에 맛있는 음식들이 아주 많다고 했던 말 기억나니?
난 특히 그 중에서도 '약식' 이라는 음식을 좋아해.
약식은 찹쌀로 지은 밥인데 정월 대보름에 먹는 한국 고유의 음식 가운데 하나야. 대추·밤·잣 등을 찹쌀과 섞어서 찌는 방법으로 만드는데 갈색이 나면서 단맛이 나. 옛날부터 전해진 아주 오래된 음식으로 중국에도 알려졌었다고 해. 우리 나라에서는 몸에 아주 이롭다는 뜻으로 '약식' 이라는 이름을 붙였대.
나중에 우리나라에 놀러 와서 함께 먹었으면 좋겠어.
그럼 건강히 잘 지내고 다음에 또 안부 전할게. 안녕 Jane
from. 지은

02 두 소년의 편지

1 다른 나라에 도움을 요청하는 편지를 썼을 것이다. / 아프리카에 있는 외국인들에게 도와 달라는 요청을 했을 것이다. / 열심히 공부해서 나라의 발전에 기여하는 경제인이나 정치인이 되려고 노력했을 것이다.
G·U·I·D·E 비행기 안에서 죽은 소년들의 비참한 죽음의 의미를 다시 한번 생각하게 합니다. 편지에서 나타난 아프리카의 고통을 알리고자 했던 소년들의 절박한 마음을 이해할 수 있도록 합니다.

2 식량이 부족하다. / 생활 환경이 더러워서 전염병에 쉽게 노출된다. / 병을 치료하는 데 필요한 약이 부족하다. / 생활 용품이 부족하다.
G·U·I·D·E 사진 속 아이의 굶주리고 메마른 모습에서 난민 수용소의 생활을 짐작해 볼 수 있습니다.

3 식량과 구호물자를 보내 준다. / 의료 지원단을 파견하여 병에 걸린 사람들을 치료하도록 한다. / 인터넷으로 사람들과 모금 활동을 편다.

03 세계의 축제

1 • 지역적 특색을 드러낼 수 있는 축제 : 한옥 마을, 음식 축제 등
• 명절 또는 특정일을 기념하는 축제 : 추석, 설, 한식, 단오 축제 등

week 06
교과서 논술 03
생각과 논리
53쪽

내 눈으로 보는 교과서
01 선거 유세에서 주장과 근거의 적절성을 판단해 봐요

1 ②
G·U·I·D·E 후보자가 아닌 청중이 후보자의 선거 유세를 듣고 그 주장이 가치 있고 중요한지 따지는 심판관의 역할을 합니다.

2 학급 친구들의 고민을 들어주는 것, 불편한 점이 있으면 찾아내서 선생님께 도움을 요청하는 징검다리 역할을 하는 것, 개선되어야 할 점은 선생님과 상의하며 즐거운 학교생활을 만들어 나가는 것 등

3 ④
G·U·I·D·E 전교 어린이 회장 선거 토론회에서 두 후보자는 선거 공약을 말하여 자신을 뽑아 달라고 주장하고 있습니다.

4 ⑤
G·U·I·D·E 선거 유세에서 후보자는 다양한 설득 전략을 사용하여 청중에게 지지를 호소하게 되는데, 이때 단순히 흥미롭고 재미있는 내용으로 지지를 호소한다면 그 후보자의 공약은 실천 가능성이 거의 없을 경우가 많습니다. 따라서 주장과 근거가 이치에 맞는지, 후보자가 믿을 만한지 올바르게 판단해야 합니다.

열린교과서

1 색의 굴절률과 눈의 초점 기능 때문에

2 ③
G·U·I·D·E 노란색은 색수차가 없어 우리 눈에 들어왔을 때 망막 위에 정확한 초점이 맞으며, 색채 중 가장 크게 보이는 성질을 가지고 있으므로 우리 눈에 가장 잘 보입니다.

02 상황을 생각하며 논설문을 읽어야 하는 까닭을 알아 봐요

1 ①
G·U·I·D·E 글쓴이는 기념일이란 축하하거나 기릴 만한 일이 있을 때, 해마다 그 일을 잊지 않으려고 기억하는 날이어야 한다고 말하고 있습니다. 그런데 요즘은 그런 기념일이 아닌, 과자나 사탕을 사서 나누어 먹기만 하는 날이 기념일이라고 하여 유행처럼 번지는 상황을 걱정하고 있습니다.

2 ②
G·U·I·D·E ⓒ은 기념일의 본래 의미를 나타내는 것이며, 나머지는 모두 글쓴이가 비판하고 있는 정체불명의 기념일입니다.

3 ③, ⑤
G·U·I·D·E 주장과 근거를 펴는 상황을 생각하며 글을 읽어야 하는 까닭은 글쓴이의 주장을 깊이 있게 이해할 수

있으며, 주장과 근거의 적절성을 파악할 수 있기 때문입니다.

4 ③
G·U·I·D·E 이 글은 고려 시대 백성들의 어려움을 해결해 주고자 의천 대사가 임금에게 올린 상소문입니다. 글쓴이는 돈을 만들어 쓰게 되면 유익한 점이 많다는 점을 네 가지 근거를 들어 제시하고 있습니다.

1 찬성한다 : 요즘에는 화이트데이, 블랙데이, 빼빼로데이 등 매월 14일마다 기념일이 있습니다. 비록 초콜릿, 사탕, 과자 등을 팔기 위한 상인들의 장삿속으로 변질된 경우도 있지만, 그 기념일의 의미를 되새기면서 친구들과의 우정도 쌓는 기회가 될 수 있으므로 하나의 문화로서 받아들일 수 있다고 생각합니다.

반대한다 : 화이트데이, 블랙데이, 빼빼로데이 등 정체불명의 기념일에 대해 반대합니다. 이런 기념일은 상인 등 그 물건을 파는 사람들이 경제적인 이득을 얻기 위해 만들어 낸 것에 불과합니다. 이러한 정체불명의 기념일은 경제적 낭비이며 선물을 마련하지 못한 친구들이 소외감을 느낄 수 있는 점과 같이 여러 문제점들을 발생시키기 때문입니다.

03 글을 읽고 주장이 타당한지 파악해 봐요

1 ④
G·U·I·D·E 글쓴이는 어린이들이 우리의 전통 음식보다 외국에서 유래한 햄버거나 피자 등을 더 좋아한다는 사실을 예로 들어 이러한 음식은 건강에 좋지 않다고 걱정하면서 문제를 제기하고 있습니다.

2 우리 전통 음식의 과학성과 우수성을 알고 전통 음식에 관심을 가지고 사랑하자.

3 ②
G·U·I·D·E ㉠은 우리의 전통 음식이 여러 가지 면에서 우수하여 건강에도 이롭다는 글쓴이의 주장입니다. 그러한 주장에 대한 근거로 여러 가지를 제시하고 있는데 반찬의 종류가 다양하다는 것은 적절한 근거가 될 수 없습니다. 이는 전통 음식의 특징일 뿐입니다.

4 ④
G·U·I·D·E 우리의 전통 음식에는 우리 조상의 넉넉한 마음과 삶에서 배어 나온 지혜가 담겨 있으며, 맛과 멋과 영양의 삼박자가 모두 갖추어져 있기 때문에 세계 여러 나라 사람들에게 주목을 받고 있다고 했습니다.

열린교과서

1 성덕 대왕 신종, 봉덕사종
G·U·I·D·E 에밀레종은 경덕왕이 아버지인 성덕왕을 기리기 위해 만들었기 때문에 성덕 대왕 신종이라 하기도 하며 봉덕사에 달았기 때문에 봉덕사종이라고도 합니다.

2 기타의 울림통과 같은 역할을 하여 소리가 오래 지속되게 하기 위해
G·U·I·D·E 종을 매단 곳의 아래 바닥을 평평하게 하지 않고 약간 움푹하게 들어가게 만든 까닭은 종소리를 오래 지속시키기 위해서입니다.

week 07
영재 클리닉 02
쉽지, 빠르지, 편하지?
63쪽

내 눈으로 보는 교과서
지네 아냐, 지레야

1 코끼리가 가운데 쪽으로 자리를 이동한다.
G·U·I·D·E 힘점, 받침점, 작용점의 거리에 따른 수평 조절을 이해하도록 합니다.

2 지레는 긴 막대를 사용하여 무거운 물체를 작은 힘으로 들어 올릴 수 있는 도구로, 힘점과 받침점의 거리가 멀수록 받침점과 작용점의 거리가 가까울수록 힘이 적게 든다.

3
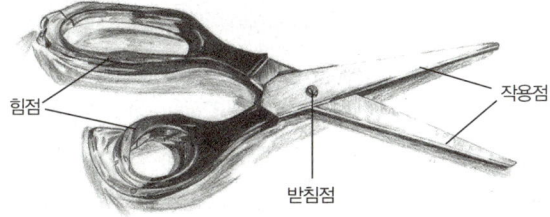

4 (1) 작은 힘으로 철사를 쉽게 자를 수 있다.
(2) 작은 힘으로 단단하게 닫힌 병뚜껑을 열 수 있다.
(3) 작은 힘으로 종이에 구멍을 쉽게 뚫을 수 있다.

(4) 큰 힘을 작은 힘으로 바꾸어 물체를 다루는 세밀한 일을 할 수 있다.

Step by Step
01 굴릴까, 미끄러질까?

1 표면과 물체가 닿는 면적이 더 작아져 마찰력이 적어지기 때문이다.

2 자동차 / 비행기 / 오토바이 / 자전거 등

3 사막의 모래 위에서 물체를 이동할 때나 눈 또는 얼음 위에서 이동하는 경우 마찰력이 없기 때문에 미끄럼 마찰력이 더 유용하다.
G·U·I·D·E 지면과 얼음 위에서 물체를 이동하는 차이점에 대해 이해하도록 합니다.

4 통나무를 통째로 잘라 둥글게 만들다가 무게를 줄이기 위해 3~4개의 구멍을 뚫었다. 그 후 방사형으로 뻗은 바퀴살을 만들었다. 그리고 구슬을 넣어 베어링을 만들었다가 고무 튜브에 공기를 넣는 고무 타이어가 개발되었다.

02 적외선의 활약

1 텔레비전 / 오디오 / CD 플레이어
G·U·I·D·E 리모컨을 사용해서 편리한 점들을 떠올려봅니다.

2 리모컨 앞의 작은 전구에서 특정 주파수가 담겨진 적외선이 발사되고, 이것을 전기 신호로 바꿔 주는 센서의 작동으로 리모컨을 사용할 수 있다.

3 리모컨 자체의 알람 시계 기능 / 가전제

품을 한꺼번에 다룰 수 있는 통합 기능 / 초인종 기능 / 전화기 기능

4 적외선 센서를 이용하면 불필요하게 낭비되는 전기를 아낄 수 있다.

03 출시 예정!

1 모든 사람들이 건강해질 수 있다. / 자신의 스트레스를 확인해서 마음을 조절할 수 있다. / 누구나 쉽게 오랜 시간 동안 바닷속을 관찰할 수 있다. / 수영을 배우지 않고도 잠수를 할 수 있다.

2 사람의 마음을 읽고 치료하는 심리 전문 치료 기계 / 인체 내에서 병을 치료하는 의학칩 / 사람과 대화가 가능한 인공 지능 컴퓨터 / 집안일을 돕는 도우미 로봇

week 08
논술 클리닉
모두 소중한 사람이야!
71 쪽

내 눈으로 보는 교과서
꿈은 이루어진다!

1 자기가 이루고 싶은 꿈을 여러 가지 방법으로 노력하면 이룰 수 있다고 생각한다. **G·U·I·D·E** 꿈을 이루기 위한 다양한 노력을 그림을 그리는 과정에 빗대어 설명하고 있습니다. 글쓴이는 자신의 나쁜 꿈을 파란 분필로 그림을 그리는 과정을 통해 극복했다고 설명하고 있습니다.

2 나는 동화 작가가 되고 싶다. 요즘은 어른들뿐만 아니라 많은 어린이들의 마음에 상처받는 일들이 많이 생긴다. 부모님의 이혼, 친구들의 따돌림, 인터넷 게임 중독 등 여러 가지 일들로 가족이나 친구로부터 멀어진다. 나는 어린이들의 마음의 상처를 치유하는 글을 쓰는 작가가 되고 싶다. 육체적인 건강도 중요하지만 정신적인 건강도 삶을 아름답게 만들 수 있기 때문이다.

논술 에너지를 쌓아라
01 노인이 무슨 죄?

1 노인은 필요한 존재이다. 풍부한 인생 경

힘으로 어려운 문제를 지혜롭고 현명하게 대처할 수 있기 때문이다.
G·U·I·D·E 주변에서 어른들이 노인들을 대하는 태도가 어떠한지 이야기하고 노인을 공경해야 하는 이유도 생각해 봅니다.

2 자식들이 노인을 버리는 일은 잘못된 일이다. 자식이 성장하기까지 희생한 부모를 버리는 일은 도리에 어긋나는 일이기 때문이다. 나약하고 병든 부모를 보호하고 공경해야 한다.
G·U·I·D·E 노인들의 인권이 무시되는 예를 이야기해 보고, 노인의 인권을 보호하는 방법에 대해 생각해 봅니다.

3 가족에게 버려지는 것이 두려워서 / 힘이 없고 경제적으로 독립할 수 없기 때문에 / 그래도 가족들과 함께 사는 것이 좋다고 생각해서
G·U·I·D·E 노인들이 가족들에게 소외감을 느끼는 이유와 노인을 공경할 수 있는 방법에 대해 생각해 봅니다.

4 노인과 입장을 바꿔 생각하면 그들의 상처를 이해할 수 있을 것이다. 내가 노인이 되었을 때 가족들이 어떤 모습으로 대할지 생각해 보라. / 힘없고 약한 노인을 학대하는 것은 엄청난 죄를 짓는 일이다.

02 장애인도 동등한 권리를

1 장애인 선수가 받는 연금이 일반인 선수가 받는 연금보다 훨씬 적다. 또 장애인 선수는 연금 지급으로 인해서 의료 혜택을 받지 못하고 임대 아파트 입주 자격이 상실된다. 일반인 선수와 달리 훈련 지원이 없고 시설 이용에서도 차별을 받는다.
G·U·I·D·E 일반인 선수와 장애인 선수 사이에 차별이 생기는 이유는 무엇이고 이런 차별을 줄일 수 있는 방법에 대해서 이야기해 봅니다.

2 지체 장애인을 위한 지하철이나 버스에 휠체어를 이동하는 시설 / 계단을 경사로 대신한 육교 / 시각 장애인을 위해 녹색 신호등이 켜졌을 때 소리가 나는 신호기 / 점자 표시를 한 안내판 / 대중 교통 수단으로 이용되는 장애인 시설은 잘 관리되지 못하고 있다. 장애인들이 시설을 이용하기에 불편한 점들이 많다. 이런 시설들을 제대로 관리하는 전문 기관이 활성화되어야 한다고 생각한다.

3 장애인은 신체의 일부가 조금 다를 뿐 나와 같은 문화 속에서 같은 생각, 같은 언어를 사용하는 사람들이다. 평범한 사람들도 갑작스런 사고로 신체 장애가 생길 수도 있다. 그러므로 장애인을 대할 때 나와 다르다고 생각하지 말고 약간의 도움이 필요한 평범한 사람으로 대해야 한다.
G·U·I·D·E 자신이 장애인을 대할 때 편견을 갖고 대한 경우가 있었는지 떠올려 보고, 가까운 가족이나 친구라면 어떤 태도로 대할지 생각하도록 합니다.

03 모두 똑같은 사람이야!

1 우리나라에 돈을 벌기 위해 온 가난한 나라 사람들이라고 생각하기 때문에 / 피부색이 달라서

2 한국인을 무시하는 사람들에게 화가 날

것이다. / 우리나라가 힘이 없는 국가라는 생각이 들 것이다. / 억울하고 슬플 것이다.

신나는 논술
차별 없는 세상을 위해

모든 사람들은 인간답게 살아갈 권리를 가지고 있다. 그런데 우리 주변에는 이러한 인권을 보호받지 못한 채 살아가는 장애인, 소년 소녀 가장, 외국인 근로자, 노인 등 어려움을 겪는 사람들이 많다. 이들은 사회적 관심에서 소외되거나 적은 숫자의 집단으로 법의 보호를 받지 못하는 경우가 많다. 또 경제력이 부족하거나 법에 대한 지식이 부족하여 자신의 권리를 잃는 경우가 많다.

우리는 똑같은 인간으로서 그들의 인권을 소중히 여겨야 한다. 왜냐하면 인권은 모든 사람들이 평등하게 누릴 수 있는 기본 권리이며 생존하기 위해 당연히 누려야 하는 권리이기 때문이다. 인권은 어떤 권력이나 폭력으로도 침해당할 수 없다.

국가는 소년 소녀 가장이나 홀로 사는 노인들을 위해 생활비와 의료비를 지원해 주어야 한다. 또 혼자 생계를 꾸려나갈 수 없는 사람들에게 최저 생활을 보장해 주어야 하며 인권 침해가 생기지 않도록 법으로 이들을 보호해야 한다.

G·U·I·D·E 1. 앞에서 살펴본 노인, 장애인, 외국인 노동자들의 또 다른 이야기들을 예로 들어 설명합니다. 2. 인권 보호가 필요한 사람들의 공통점을 생각하도록 합니다. 3. 인권 보호의 필요성을 적절한 근거를 제시하여 쓰도록 합니다.

week 09
신통방통 서술형논술형
81쪽

국어 술술
04 마음의 울림

1 아이인 재훈이가 자신에게는 아이가 없다며 재치 있게 말하였기 때문에
G·U·I·D·E 자기에게는 꼬마 아이가 없고 아빠, 엄마만 있다면서 자기에게 집을 빌려 달라는 재훈이의 재치 있는 말에 집주인 아저씨가 너털웃음을 터뜨렸습니다.

2 웃음을 주는 장면이 떠올라 유쾌해진다. 재치 있는 표현에서 즐거움을 느낄 수 있다. 글을 읽고 재미를 느낄 수 있다. 마음의 긴장이 풀리고 유쾌한 기분이 든다. 등
G·U·I·D·E 웃음을 주는 글을 읽으면 재미를 느낄 수 있고, 마음의 긴장이 풀려 유쾌한 기분이 듭니다.

3 욕심 많은 부자 영감이 나무 그늘까지 팔았다는 총각의 말을 들은 손님들이 부자 영감을 나무라고 망신을 주었다. 그리고 결국 그러한 친구들까지 모두 잃어버리자 부자 영감네 식구들은 더 이상 마을에서 살 수 없게 되었기 때문이다.
G·U·I·D·E 모든 사람들에게 망신을 당하고 친구들까지 모두 잃게 된 부자

영감네 식구들은 마을에서 살 수가 없어서 집을 버리고 멀리 가 버렸습니다.

4 총각은 느티나무를 마을의 공동 소유로 만들어 누구든지 더울 때는 와서 쉬도록 하였다.
G·U·I·D·E 욕심쟁이 부자 영감네 식구들이 집을 버리고 멀리 가 버린 후, 총각은 느티나무를 마을의 공동 소유로 만들어 동네 사람들이 쉴 수 있도록 해 주었습니다.

05 언어의 세계

1 ㉠: 네 동생이 너무 많이 먹으면 안 되는데……
  ㉡: 내일 나들이를 갈 거야.
  ㉢: 아마 가족이 모두 서로를 위하기 때문일 거야.
  G·U·I·D·E ㉠은 상대방에 따라 적절한 높임말로 바꾸어야 하며, ㉡은 시간 표현이 잘 어울리는지 생각해 보아야 하며, ㉢은 서술어와 서술어를 꾸며 주는 말의 관계를 꼼꼼히 살펴봐야 합니다.

2 한글 창제에 담긴 세종 대왕의 숭고한 정신을 기리며, 전 세계에서 문해 증진을 위하여 헌신하는 개인, 단체, 기관 등의 노력을 격려하고, 그 정신을 높이기 위하여
  G·U·I·D·E '세종대왕문해상'은 문맹 퇴치에 노력한 개인이나 단체에게 주는 상으로, 세종 대왕의 숭고한 정신을 기리며, 전 세계에서 문해 증진을 위하여 헌신하는 개인, 단체, 기관 등의 노력을 격려하고 그 정신을 높이기 위하여 '세종 대왕'의 이름을 따서 만들었습니다.

3 글을 몰라 어려움을 겪는 백성이 자신의 생각을 배우기 쉬운 문자로 표현하고 사람들과 서로 소통하는 데 불편함이 없도록 하기 위해서
  G·U·I·D·E 세종 대왕은 백성이 자신의 생각을 문자로 표현하고 사람들과 소통하는 데 불편함이 없도록 하기 위해 훈민정음을 창제했습니다.

4 우리의 학문과 문화의 수준이 떨어지게 될까 걱정되어서
  G·U·I·D·E 최만리는 훈민정음을 창제하게 되면 한자로 된 중국의 학문과 멀어지게 되어 우리의 학문과 문화의 수준이 떨어지게 된다고 하여 훈민정음을 만드는 것에 대해 반대하였습니다.

5 자신의 생각을 글로 나타낼 수 있게 되었다. 글을 몰라 억울한 일을 당하지 않아도 되었다. 세상을 살아가는 힘을 기를 수 있었다. 이전까지 양반들만 누리던 문화의 혜택을 함께 누릴 수 있게 되었다.
  G·U·I·D·E 백성을 사랑하는 세종 대왕이 훈민정음을 창제함으로써 이전까지 글을 몰랐던 일반 백성들이 누리게 된 혜택은 다양합니다.

06 생각과 논리

1 자연 개발을 멈추고 자연을 보호해야 한다.
  G·U·I·D·E 이 글은 자연 보호에 찬성하는 입장의 글로서, 실제 연구 자료를 제시하여 근거의 타당성을 높이고 있는 글입니다. 글쓴이는 자연 개발로 인한

문제점을 지적하면서 '자연 개발을 멈추고 자연을 보호해야 한다.'고 주장하고 있습니다.

2 ① : 자연은 한 번 파괴되면 복원하기 어렵다.
② : 자연 개발로 인한 피해는 결국 사람들에게 되돌아온다.
③ : 자연은 우리 후손이 살아갈 삶의 터전이다.
G·U·I·D·E 글쓴이는 자연 개발을 멈추고 자연을 보호해야 한다는 주장을 펼치고 있는데, 주장에 대한 근거로 '자연은 한 번 파괴되면 복원되기 어려움', '자연 개발로 인한 피해는 결국 사람에게 되돌아옴', '자연은 우리 후손이 살아갈 삶의 터전이므로 지켜야 할 의무가 있음'을 제시하고 있습니다.

3 인류의 발전을 위하여 자연을 개발하여야 한다.
G·U·I·D·E 글쓴이는 인류의 발전을 위해서 자연을 개발하는 것은 선택이 아니라 필수라 말하고 있습니다.

4 댐 건설
G·U·I·D·E 미리 계획을 세워 대비를 하면 자연재해를 막을 수 있는 사례로 댐 건설을 제시하고 있습니다.

5 사람은 인류의 미래를 지금보다 더 낫게 만들려는 선한 의지를 가지고 있기 때문에 지구를 온전하게 지키면서 개발하려고 노력한다.
G·U·I·D·E ⓒ은 자연보호론자들의 주장입니다. 글쓴이는 이에 대한 반론으로 사람은 인류의 미래를 위한 선한 의지를 가지고 있기 때문에 지구를 파괴하지는 않을 것이라는 점을 제시하고 있습니다.

07 즐거운 문학

1 눈이 덮인 마을에
G·U·I·D·E 이 시에서는 '눈이 덮인 마을에'라는 표현이 각 연마다 반복됨으로써 운율을 형성하여 노래하는 듯한 느낌이 듭니다.

2 노래하는 듯한 운율이 느껴져서 좋다. 비유적인 표현이 생생한 느낌을 주어서 좋다. 시의 장면을 떠올리며 상상할 수 있어서 좋다. 등
G·U·I·D·E 노래하는 듯한 운율과 비유적인 표현을 사용하여 아름답게 노래한 시입니다. 이 시를 읽으면서 좋아하는 시의 특성을 함께 생각해 보는 것도 효과적입니다.

3 등불
G·U·I·D·E ㉠은 새벽까지 켜져 있는 등불을 가리킵니다.

4 마른 나뭇단으로 울타리 구멍을 막아 버렸다.
G·U·I·D·E 구만이는 울타리 구멍을 막아 버리며 엄지와는 말도 하지 않겠다고 마음먹었습니다.

5 울타리 구멍은 다시 막히지 않았습니다.
G·U·I·D·E '울타리 구멍'은 구만이와 엄지 사이의 우정의 문을 의미합니다. 그런데 두 사람이 다투게 되면서 구만이가 울타리 구멍을 막았다가 화해한 이후부터는 울타리 구멍을 막지 않게 되었습니다.

사회 술술
03 정보화, 세계화 그리고 우리

1 유전 공학의 활용에 대한 찬성
G·U·I·D·E 위 글은 유전 공학의 활용에 대한 찬성 의견을 주장하고 있습니다.

2 유전 공학을 적절하게 활용하면 불치병 환자에게 많은 도움이 된다.
G·U·I·D·E 이 글에서는 유전 공학을 활용하는 데 찬성하는 근거로 유전 공학의 발달을 통해 더 나은 치료제를 개발하고 상처를 깨끗이 치료할 수 있는 등과 같은 내용을 제시하여 유진 공학이 불치병 환자들의 치료에 도움을 준다는 것을 근거로 제시하고 있습니다.

3 유전 공학을 발전시키는 데는 많은 희생이 따릅니다. 유전 공학에는 동식물을 복제하는 많은 실험과 연구가 필요한데, 이 실험이 잘못될 경우 많은 동식물이 피해를 입게 됩니다.

4 상호 입장 탐색 및 토론
G·U·I·D·E 문제 규명 과정 다음에는 상대방의 주장과 근거가 적절한지 탐색하고, 자신의 주장을 근거로 들어 제시함으로써 상대방을 설득하는 과정인 상호 입장 탐색 및 토론 과정이 이어져야 합니다.

5 우리나라가 농수산물을 수입하는 양이 수출하는 것에 비해 아주 많다.
G·U·I·D·E 그래프에서는 우리나라 농수산물의 수입액이 수출액에 비해 월등히 많다는 점을 알 수 있습니다.

6 (1) 소비자 : 값싸고 다양한 농수산물을 구입할 수 있다.
(2) 생산자 : 경쟁력 있는 질 좋은 생산물을 생산하기 위해 노력하게 된다.

7 전통문화
G·U·I·D·E 오랜 세월에 걸쳐 이어져 내려와 고유한 가치를 인정받은 것으로서 중요성과 가치를 지니고 있는 것은 전통문화의 개념입니다.

8 전통문화를 계승하지 않으면 사라지기 때문에 / 전통문화를 계승하는 것은 민족의 과거와 미래를 연결하는 것이기 때문에 / 전통문화를 계승하여 문화 콘텐츠 산업으로 발전시킴으로써 국가의 부를 창출할 수 있기 때문에 / 국가 이미지를 높이는 데 기여할 수 있기 때문에

9 웃어른을 공경하는 유교 문화를 계승 발전시킨 것이다.
G·U·I·D·E 자리 양보, 웃어른에게 존댓말 사용, 경로석 지정 등은 웃어른을 공경하는 유교 문화를 계승 발전시킨 것입니다.

10 대륙 진출이 더욱 활발해진다. / 우리나라의 힘이 강해져 국제적 위상이 높아진다. / 전쟁의 위험이 사라져 세계 평화에 기여할 수 있다.

11 지구촌의 갈등과 문제는 개인의 힘으로 해결하기 어렵기 때문이다.
G·U·I·D·E 지구촌의 갈등과 문제는 개인의 힘으로 해결하기 어렵기 때문에 국제기구나 비정부기구(NGO) 등을 통해 각 나라가 협력하여 해결하는 것입니다.

과학 술술
03 에너지와 도구

1 위치 에너지, 운동 에너지, 열에너지, 전기 에너지, 빛 에너지, 탄성 에너지 등

2 ⑴ 열에너지, 전기에너지
⑵ 운동에너지, 위치에너지
G·U·I·D·E 다리미는 전기 에너지를 이용하여 열에너지를 얻고, 폭포는 높은 곳에 있던 물이 떨어지는 동안 위치 에너지가 운동 에너지로 바뀝니다.

3 ㉠ : 위치
㉡ : 운동

4 ⑴ 전기 난로 : 전기 에너지 → 열에너지
⑵ 형광등 : 전기 에너지 → 빛에너지

5 에너지를 낭비하여 에너지가 없어지면 우리 생활이 불편해지기 때문이다. / 우리가 쓸 수 있는 에너지 양은 정해져 있기 때문이다.

6 에너지가 없다면 전기를 이용하는 제품을 전혀 사용할 수 없을 것이다. 또 전기가 없으면 밤에 공부를 할 수도 없고, 자동차를 이용할 수 없을 것이다.
G·U·I·D·E 에너지가 없으면 원시 시대와 같이 매우 불편한 생활을 하게 될 것입니다. 그때와 지금을 비교해 보면서 에너지가 없으면 어떻게 될지 써 보도록 합니다.

7 ⑴ 혼자서 이동할 때 자동차를 이용하는 경우 : 여러 명이 함께 자동차를 이용하거나 대중교통을 이용한다.
⑵ 쓰지 않는 전기 기기의 플러그를 꽂아두는 경우 : 쓰지 않는 전기 기기의 플러그는 뽑아 둔다.
⑶ 2층에 올라갈 때 엘리베이터를 이용하는 경우 : 3층 이하를 올라갈 때는 계단을 이용한다.

8 적은 힘으로 무거운 물체를 쉽게 들어 올릴 수 있다.
G·U·I·D·E 지레는 받침과 막대를 이용하여 물체를 쉽게 움직이게 하는 도구입니다.

9 ㉠ : 힘점
㉡ : 받침점
㉢ : 작용점

10 대저울, 펀치, 핀셋, 집게, 가위, 손수레, 병따개 등